Manipulación y PsicologíaOscura:

Cómo aprender a leer a las personas rápidamente, detectar la manipulación emocional encubierta,detectar el engaño y defenderse del abuso narcisista y de las personas tóxicas

Por Alejandro Mendoza

Manipulación y Psicología Oscura:

Alejandro Mendoza

Información Legal

La información contenida en este libro y su contenido no está diseñada parareemplazar cualquier forma de consejo médico o profesional; y no pretendereemplazar la necesidad de asesoramiento o servicios médicos, financieros,legales u otros profesionales independientes, según sea necesario. El contenido y la información de este libro se han proporcionado únicamente con fines educativos y de entretenimiento.

El contenido y la información contenidos en este libro han sido compiladosde fuentes que son consideradas confiables, y es precisa según el conocimiento, información y creencia del autor. Sin embargo, el autor no puede garantizar su precisión y validez y no se hace responsable de los errores u omisiones. Además, periódicamente se realizan cambios a este libro cuando se considere necesario. Cuando sea apropiado y/o necesario, debe consultar a un profesional (incluidos, entre otros, su médico, abogado,asesor financiero u otro asesor profesional) antes de utilizar cualquiera de los remedios, técnicas o información sugeridos en este libro.

Al utilizar el contenido y la información contenida en este libro, usted acepta eximir de responsabilidad al autor de cualquier daño, costo y gasto, incluidos los honorarios legales que puedan resultar de la aplicación de la información proporcionada por este libro. Este descargo de responsabilidadse aplica a cualquier pérdida, daño o lesión causada por el uso y la aplicación, ya sea directa o indirectamente, de cualquier consejo o información presentada, ya sea por incumplimiento de contrato, agravio, negligencia, lesiones personales, intención criminal o por cualquier otra causa de acción.

Usted está aceptando todos los riesgos de usar la información presentada eneste libro.

Usted acepta que al continuar leyendo este libro, cuando sea apropiado y/onecesario, deberá consultar a un profesional (que incluye, entre otros, a su médico, abogado o asesor financiero u otro asesor, según sea necesario) antes de usar cualquiera de los remedios sugeridos , técnicas o informaciónen este libro.

Índice

Seducción
Proyectar la culpa
Blandir el enojo

Capítulo 5: ¿Qué es la manipulación emocional encubierta?

Manipulación Emocional en las relaciones
Manipulación Emocional en las amistades
Manipulación Emocional en el trabajo

Chapter 6: ¿Qué están tratando de hacer los manipuladores?

Anulación de la fuerza de voluntad
Destrucción del autoestima
Venganza pasivo-agresiva
Realidad Confusa

Capítulo 7: Rasgos de Comportamiento de las Víctimas Favoritas delos Manipuladores

Inseguridad y fragilidad emocional
Personas Sensibles
Personas Enfáticas
Miedo a la soledad
Miedo a decepcionar a otras personas
Trastornos dependientes de la personalidad y dependencia emocional

Capítulo 8: El rol de la defensa

Aceptación
Aumento de la conciencia
Separarse con amor
Construir autoestima
Cambiar las reacciones
Ser Firme
Alimentarse a uno mismo
Volverse autónomo y tener control propio

Conclusión

Introducción

Felicitaciones por descargar "Manipulación y Psicología oscura": cómo aprender a leer con rapidez a las personas, detectar la manipulación emocional encubierta, detectar el engaño y defenderse del abuso narcisista y de las personas tóxicas; y gracias por hacerlo.

Los siguientes capítulos analizarán los rasgos de las personas maliciosas y manipuladoras y le enseñarán cómo identificar las técnicas que utilizan para aprovecharse de los demás. Analizaremos el concepto de psicología oscura y discutiremos rasgos psicológicos oscuros como el narcisismo, la psicopatía, el sadismo y el maquiavelismo para que comprenda las fuerzas impulsoras detrás de las personas manipuladoras.

El libro también enumerará y analizará todas las técnicas de manipulación mientras usa anécdotas simples para ayudarlo a comprender cómo funcionan esas técnicas y cómo alguien podría usarlas en su contra.

Además, el libro cubre las tendencias de comportamiento y los rasgos de carácter de los manipuladores para que pueda identificar a las personas maliciosas cuando se cruzan en su camino. También cubre métodos encubiertos y sutiles que las personas en tu vida podrían usar para influenciarlo sin que se de cuenta.

El libro se sumerge en la psiquis de los manipuladores para ayudarlo a comprender exactamente por qué hacen lo que hacen y qué objetivos finales tienen en mente cuando usted es el objetivo. También analiza las vulnerabilidades que las personas manipuladoras buscan en las personasque eligen para victimizar.

Hacia el final, el libro enseña métodos eficazmente probados que la gente puede usar para defenderse de la manipulación y la explotación. Descubrirá por qué su autoestima es su mejor defensa cuando se trata de manipuladores psicológicos, y qué puede hacer para elevar su autoestima y recuperar el control de su vida.

En este momento hay muchos libros sobre psicología oscura y manipulación en el mercado, ¡así que muchas gracias por elegir este! Se hizo todo lo posible para garantizar que este libro esté lleno de información útil y práctica que pueda ayudarlo a protegerse contra los manipuladores,

¡así que disfrute!

Capítulo 1: ¿Qué es la Psicología Oscura?

Hay muchas formas diferentes de definir la psicología oscura, pero en este libro, la definiremos de la manera más simple. Dark Psychology es el arte y la ciencia de la manipulación y el control mental. La psicología, en general, busca estudiar y comprender el comportamiento humano. Se centra en nuestros pensamientos, acciones y la forma en que interactuamos entre nosotros. Sin embargo, la psicología oscura solo se enfoca en los tipos de pensamientos y acciones que son de naturaleza depredadora. La psicología oscura examina las tácticas utilizadas por las personas maliciosas para motivar, persuadir, manipular o coaccionar a otros para que actúen de manera beneficiosa para ellos mismos y potencialmente perjudiciales para la otra persona.

La psicología oscura puede verse como el estudio de la condición humana, en relación con la naturaleza psicológica de los diferentes tipos de personas que se aprovechan de los demás. El hecho es que cada ser humano tiene el potencial de victimizar a otras personas u otras criaturas vivientes. Sin embargo, debido a las normas sociales, la conciencia humana y otros factores, la mayoría de los humanos tienden a contener sus impulsos oscuros y a evitar actuar por cada impulso que tienen. Sin embargo, hay un pequeño porcentaje de la población que no puede controlar sus impulsos oscuros y daña a otros de maneras aparentemente inimaginables.

El objetivo de la psicología oscura, como tópico, es tratar de comprender esos pensamientos, sentimientos y percepciones que hacen que las personas se comporten de manera depredadora entre sí. Los expertos en psicología oscura trabajan bajo el supuesto de que la gran mayoría de las acciones depredadoras humanas tienen un propósito. En otras palabras, la mayoría de las personas que se aprovechan de otros (99.99%) lo hacen por razones específicas, mientras que las personas restantes (0.01%) lo hacen sin razón alguna.

La suposición es que cuando las personas hacen cosas malas, tienen motivaciones específicas, algunas de las cuales pueden ser completamente racionales desde su punto de vista. Las personas hacen cosas malas con objetivos específicos en mente y razones específicas para sus acciones, y solo una pequeña fracción de la población victimiza brutalmente a otros sin un propósito que pueda explicarse razonablemente por la ciencia evolutiva o alguna forma de dogma religioso.

Has escuchado muchas veces que todos tienen un lado oscuro. Todas las culturas y sistemas de creencias reconocen este lado oscuro hasta cierto punto. Nuestra sociedad se refiere a él como "malvado", mientras que algunas culturas y religiones han ido tan lejos como para crear seres míticos a quienes atribuyen ese mal (el diablo, Satanás, demonios, etc.). Los expertos en psicología oscura afirman que hay algunos de nosotros que cometen los peores tipos de maldad, por fines desconocidos. Si bien la mayoría de las personas pueden hacer cosas malas para ganar poder, dinero, retribución o con fines sexuales, hay quienes hacen cosas malas porque eso es lo que son. Cometen actos de horror sin ninguna razón. En otras palabras, sus fines no justifican sus medios; causan daño porque sí.

La psicología oscura se basa en 4 rasgos de personalidad oscura. Estos rasgos son: narcisismo, maquiavelismo, psicopatía y sadismo. Las personas con tales rasgos tienden a actuar de maneras que son dañinas para los demás.

Veamos ejemplos de cómo los aspectos psicológicos oscuros se manifiestanen el mundo real:

Los "Depredadores" son personas o grupos de personas que usan tecnología moderna para aprovecharse de otros, ya sea directa o indirectamente. Como hemos mencionado, todos tienen un lado oscuro, y el anonimato que ofrece Internet tiene una forma de sacar ese lado oscuro en muchos de nosotros. El resultado es que hay un número cada vez mayor de personas que buscan explotar, coaccionar, acechar y victimizar a otros en línea, y mediante el uso de otras herramientas tecnológicas.

Estos depredadores parecen estar impulsados por fantasías desviadas, que se sienten libres de jugar porque Internet les permite acechar en las sombras. En otras palabras, no están restringidos por las normas sociales habituales que evitan que las personas revelen su lado oscuro porque nadie en línea conoce sus identidades reales. Estas personas tienden a tener todo tipo de prejuicios y preconceptos, que hacen todo lo posible para imponer alos demás.

Los Depredadores vienen en diferentes formas y tamaños; hay acosadores, criminales, pervertidos, terroristas, matones, estafadores e incluso trolls. No importa qué tipo de depredadores sean, todos tienden a ser conscientes de que están dañando a otros. También tienden a hacer todo lo posible para cubrir sus huellas, lo que significa que no quieren que las personas que los conocen en la vida real descubran que tienen un lado oscuro.

El incendio provocado también es una manifestación diferente de la psicología oscura. Los incendiarios son personas que tienden a estar obsesivamente preocupadas por provocar incendios. Algunos de ellos se convierten en incendiarios en serie; prendieron fuego regularmente y de unamanera muy ritualista.

Los necrófilos son personas que están sexualmente interesadas en los muertos, mientras que los asesinos en serie son personas que asesinan a tres o más personas durante un período prolongado de tiempo. Estas son algunas de las manifestaciones más extremas de la psicología oscura, y aunque son raras (en función de la población en general), vale la pena discutirlas si quieres entender la psicología oscura. Los expertos en el campo de la psicología criminal creen que los asesinos en serie y otros malhechores están motivados por la búsqueda de la satisfacción psicológica, que solo pueden lograr realizando esos actos brutales.
Para las personas que realizan los peores actos malvados, esos actos son como drogas para ellos; son adictivos de alguna manera. Por ejemplo, cuando un asesino en serie obtiene alguna forma de satisfacción por asesinar a alguien, puede sentir la necesidad de hacerlo nuevamente paraexperimentar la misma satisfacción.

Para los propósitos de este libro, no discutiremos los aspectos más oscuros de la psicología oscura; en cambio, analizaremos aquellos aspectos que es más probable que experimentes en tu día a día. Vamos a ver cómo puede tratar con personas que son narcisistas, sádicas, maquiavélicas y psicópatas. Veremos por qué y cómo hacen lo que hacen, y qué puede hacer para evitarser víctima de sus maquinaciones.

Capítulo 2: Los 4 Rasgos de la Psicología Oscura

Durante mucho tiempo, los psicólogos se han referido a los rasgos humanos oscuros como "la tríada oscura", que consiste en tres rasgos negativos de la personalidad; narcisismo, maquiavelismo y psicopatía. Sin embargo, en los últimos años, muchos expertos en el campo han insistido en que las variedades de sadismo también debe agregarse a la lista de los principales rasgos psicológicos oscuros. Como resultado, ahora nos estamos alejando de la tríada oscura hacia los "4 rasgos de psicología oscura".

En este capítulo, veremos cada uno de los cuatro rasgos y los discutiremos en detalle. Antes de analizar esos rasgos, es importante tener en cuenta que es muy importante comprenderlos si desea tener un conocimiento funcional de cómo evitar ser manipulado. De hecho, la investigación de estos rasgos tiene muchas aplicaciones en diferentes campos, incluyendo: la psicología clínica, la aplicación de la ley e incluso la gestión empresarial. Los estudios muestran que las personas que obtienen un puntaje alto cuando se les evalúan los cuatro rasgos tienen más probabilidades de cometer delitos, causar problemas dentro de las instituciones, causar angustia a las personas en sus vidas y a la sociedad en general. En situaciones de negocios, puede ser importante mantener a las personas con tales rasgos alejados de los puestos de poder.

Nos encontramos con casos de narcisismo, maquiavelismo, sadismo y psicopatía no clínica de forma regular y, si estamos interesados, podríamos ser capaces de reconocerlos. Estadísticamente, todos tenemos estos rasgos en nosotros, en cierta medida. De hecho, cuando los psicólogos evalúan a las personas por estos rasgos, utilizan métodos de prueba que suponen que estos rasgos existen en un espectro. Para tomar el sadismo como ejemplo, tales pruebas implican que en lugar de tener personas sádicas y no sádicas, tenemos personas que tienen altos niveles de sadismo y quienes tienen bajosniveles de sadismo.

Otra cosa importante a tener en cuenta es que algunas de las características que muestran las personas con cada uno de los cuatro rasgos pueden superponerse, y esto puede ser confuso, incluso para las personas que tienen capacitación profesional en psicología. Por ejemplo, los narcisistas pueden comportarse de manera similar a los maquiavélicos o sádicos. Debido a esto, puede ser difícil saber qué tipo de rasgo oscuro tiene una persona, observándola solamente durante un corto período de tiempo.

Si alguien hace algo que es perjudicial para los demás, podrías saber qué rasgo oscuro tiene la persona al examinar la motivación o el alcance de la acción malvada. No saltes a conclusiones; tómate un tiempo para examinar detenidamente el comportamiento de la persona antes de emitir un juicio. Si las acciones de la persona son perjudiciales para usted, puede ser difícil mantenerse en una postura objetiva cuando analiza su rasgo de personalidad oscura, pero es importante recordar que solo puede tratar adecuadamente con las personas si comprende bien sus rasgos y motivaciones. Puede intentar alejarse de la situación y analizar a la persona como un observador objetivo externo.

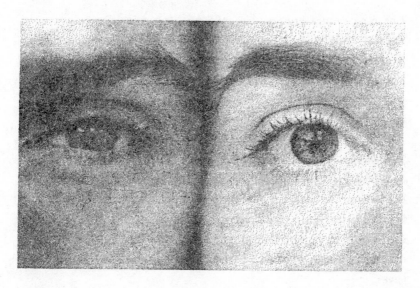

Narcisismo

El narcisismo es el rasgo oscuro que muestran los individuos que son narcisistas. Los narcisistas muestran altos niveles de grandiosidad, superioridad, dominio y derecho. Los narcisistas tienden a ser personas encantadoras que tienen una perspectiva positiva, por lo que son buenos para engañar a otras personas. Según los psicólogos, los narcisistas suelen estar atentos a las personas para alimentar su "suministro narcisista" porque quieren usar a esas personas para construir sus propios egos. También carecen de empatía por los demás.

Una característica principal que se ve en los narcisistas es que son bastante buenos para construir y cultivar relaciones, e inicialmente pueden cegar a las personas ante el hecho de que actúan por interés propio. Todos tendemos a tener rasgos narcisistas en diferentes grados, pero hay pocos entre nosotros que tienen trastorno de personalidad narcisista.

Los términos narcisista y narcisismo provienen de Narciso, un personaje de la mitología griega. Narciso era un cazador y un joven muy atractivo. Era tan atractivo que todos parecían enamorarse de él. Sin embargo, solo trataba a las personas con desprecio y desdén, y nunca devolvía el amor que otros le mostraban. Debido a esto, fue maldecido por Némesis (la diosa de la venganza) para enamorarse de su reflejo en un estanque de agua.

Al igual que Narciso, los narcisistas modernos están enamorados de sí mismos. Sin embargo, los psicólogos han descubierto que los narcisistas no aman las versiones reales de sí mismos; están enamorados de versiones perfectas de sí mismos, que solo existen en su imaginación. Es fácil suponer que los narcisistas tienen una alta autoestima, pero ese no es realmente el caso; tienen un tipo perverso de autoestima que no se basa en aceptar o amar quienes son sino en amar una versión grandiosa ficticia de sí mismos. Cuando un narcisista actúa por interés propio en detrimento de alguien, generalmente persigue esa gran visión de sí mismo, aunque sabe a ciencia cierta que no es real.

Los narcisistas tienen un sentido exagerado de la prepotencia. Piensan que merecen ser tratados mejor que todos los que los rodean. Tienen un sentido exagerado de derecho y realmente creen que cuando reciben un trato favorable en ciertas situaciones, es por el bien común. Un narcisista piensa que cuando se está aprovechando de ti, en realidad te está haciendo un favor. De esta manera, puede racionalizar muchos actos egoístas y malvados. En una relación, un narcisista se considerará más importante y más merecedor que la otra persona. En el lugar de trabajo, un narcisista pensará que tiene más talento natural que sus colegas y, por lo tanto, merece ser puesto a cargo de los proyectos o ser promovido antes que todos los demás.

Lo interesante del narcisismo es que, en algunos casos, puede hacer que alguien tenga éxito. El narcisismo puede ser una profecía autocumplida. Cuando una persona narcisista cree que es más inteligente que los demás, puede trabajar duro para demostrarlo, y al final, puede ser más exitoso en su carrera. Cuando un narcisista cree que debería estar en una posición de liderazgo, puede irradiar confianza y adquirir rasgos de liderazgo, y las personas que lo rodean se convencerán realmente de que merece ser su líder.

Debido a este hecho, algunos han argumentado que el narcisismo podría ser un rasgo positivo en una persona que es ética. El problema, sin embargo, es que la mayoría de los narcisistas parecen creer que sus necesidades van antes que las de los demás, por lo que tarde o temprano es probable que hagan algo poco ético y traicionen la confianza de quienes les tienen alta estima. Los narcisistas que parecen seguros al principio, resultarán arrogantes la mayoría de las veces. Un narcisista que parece ético al principio, arrojará la ética por la ventana tan pronto como sienta que su dominio está siendo amenazado.

Los narcisistas creen que son especiales, y para reforzar esta creencia, se rodean de personas que tienden a ser agradables. Quieren estar cerca de personas que validen su alta autoestima. Pero incluso las personas más agradables tienen la capacidad de detectar fallas en los demás, y después de pasar un tiempo con los narcisistas, dejarán de afirmar las acciones negativas del narcisista. Para evitar esto, los narcisistas intentan controlar los pensamientos y las acciones de las personas que los rodean.

Los narcisistas son muy controladores. Controlan a las personas de maneras visibles e invisibles. Intentan manipular a otros para que sigan alimentando su "suministro narcisista", y cuando las personas intentan liberarse de su control, pueden reaccionar con ira o enojo. En las relaciones, los narcisistas son más propensos a practicar abuso doméstico porque están tratando de mantener a la otra persona bajo su control. En el trabajo, es más probable que los narcisistas actúen vengativamente porque quieren castigar a otros por desafiar su dominio. Más adelante en el libro, discutiremos formas de tratar con personas narcisistas.

Maquiavelismo

El maquiavelismo es un rasgo oscuro que involcura el engaño y la manipulación. Los maquiavélicos tienden a ser personas muy cínicas (no es que sean escépticos o tengan una curiosidad dudosa; simplemente no les importan las restricciones morales a las que se adhiere el resto de la sociedad). Tienden a ser amorales y egoístas. No tienen un sentido de lo correcto y lo incorrecto; tomarán cualquier medida, siempre que beneficie sus intereses.

Los maquiavélicos son fríos, sin principios, y son naturalmente expertos en la manipulación interpersonal. Creen que la vida es un juego de suma cero y que la clave del éxito es manipular a los demás. Abordan todo tipo de relaciones con una actitud fría y calculadora, y para ellos, cuando desean un determinado resultado en una situación, el fin siempre justifica los medios.

El maquiavelismo es nombrado así tras el nombre de Niccolo Machiavelli, el filósofo político italiano mejor conocido por escribir El Príncipe. El libro ofrece consejos sobre cómo uno puede controlar a las masas y manipular a las personas para ganar poder sobre ellas. El libro enseña a las personas a ser astutas, manipuladoras y engañosas, para poder obtener lo que quieran siempre. Argumenta que en la búsqueda de los intereses de uno, es moralmente justificable dañar a otros. En este sentido, el maquiavelismo es similar al narcisismo porque, en ambos rasgos, existe una creencia subyacente de que los propios intereses sirven al bien común, incluso si las personas se ven perjudicadas en el proceso.

Es probable que las personas con estos rasgos engañen, mientan y perjudiquen a otros para lograr sus objetivos. Están emocionalmente separados de las personas que los rodean, por lo que si está en una relación con ellos, puede notar que todas sus experiencias son superficiales. No dudarán en dañar a otros si les conviene. Los narcisistas, sádicos y psicópatas pueden dañar a otros para su propio disfrute, porque carecen de empatía, o también para satisfacer ciertas necesidades emocionales, mientras que los maquiavélicos lo harán con un propósito racional y posiblemente pragmático. Tienen poca consideración por el daño colateral emocional que dejan atrás; de hecho, solo se preocupan por las emocionesde los demás si saben que volverá para perseguirlos.

Los maquiavélicos parecen tener "empatía fría" en lugar de "empatía calida". La empatía fría es una comprensión de cómo las personas pueden pensar o actuar en ciertas situaciones, o cómo se pueden desarrollar ciertos eventos. Por otro lado, la empatía calida hace referencia a ser consciente y a preocuparse por las emociones de las personas en una situación dada. Las personas normales tienen una gran empatía, lo que significa que entienden cómo se sienten los demás, y se cuidan de no afectar negativamente la sensibilidad de quienes los rodean. Los maquiavélicos tienden a comprender los movimientos que otros pueden hacer en situaciones específicas, pero no resuenan con las emociones de otras personas. Como resultado, tienden a parecer hostiles, emocionalmente distantes y duros.

Algunos psicólogos y antropólogos han argumentado que el maquiavelismo podría ser una ventaja evolutiva y que, por lo tanto, es un rasgo deseable.
Los maquiavélicos entienden las reacciones emocionales de las personas, lo que les ayuda a lidiar con las amenazas reales y percibidas, pero técnicamente pueden evitar la empatía cuando reaccionan a las amenazas, lo que significa que sus acciones son más efectivas. Si se aplica la regla de la jungla (la supervivencia del más apto), entonces los maquiavélicos tienen

más probabilidades de prosperar. El problema con este argumento es que ya no estamos en la jungla, y la sociedad solo funciona si a todos nos importa el bienestar de los demás.

Los maquiavélicos son maestros manipuladores, y es muy probable que estén involucrados en delitos de cuello blanco. Las personas con este rasgo tienen más probabilidades de participar en esquemas de malversación de fondos, esquemas piramidales, esquemas de estafa de acciones, esquemas de sobreprecio y delitos políticos. Trabajan para llegar a la cima manipulando a las personas, y cuando llegan a posiciones de poder (ya sea en los negocios o en la política), utilizan las mismas técnicas para manipular a las masas.

Psicopatía

De todos los rasgos oscuros, la psicopatía es la más malévola. Los psicópatas tienen niveles muy bajos de empatía, por lo que no se preocupan por los demás. Por otro lado, tienen niveles extremadamente altos de impulsividad y son individuos que buscan emociones fuertes. Son muy insensibles, muy manipuladores y tienen un gran sentido de grandiosidad.
Buscan emociones sin preocuparse por el daño que infligen a otros en elproceso.

Los psicópatas son más difíciles de detectar de lo que piensas. Tienden a mantener apariencias exteriores normales; Aunque carecen de empatía y conciencia, aprenden a actuar normalmente observando las reacciones emocionales de los demás. Incluso pueden parecer encantadores cuando intentan manipularte. Son volátiles y tienen tendencias criminales, aunqueeste no es siempre el caso.

Hay mucho interés y fascinación por los psicópatas, y es por eso que se ven tantas representaciones de ellos en la cultura pop. Sin embargo, junto con la fascinación aparecen conceptos erróneos. Tendemos a pensar en los psicópatas como asesinos en serie, bombarderos, súper villanos y personas que están locamente certificadas, y el peligro aquí es que olvidamos que la mayoría de los psicópatas son simplemente normales (al menos apariencia), y pueden dañarnos de otras formas. Las personas a las que les gusta comenzar peleas, que ignoran tus emociones y quienes constantemente te mienten pueden llegar a ser psicópatas.

La psicopatía en un adulto no puede ser tratada. Sin embargo, cuando se observan tendencias psicópatas en niños y jóvenes, se les puede someter a ciertos programas que les enseñan a ser menos insensibles y más considerados con los demás.

Una cosa clave que usted debe comprender es la diferencia entre un psicópata y un sociópata. En las conversaciones coloquiales, estos dos términos a menudo se usan indistintamente, pero en psicología tienen significados diferentes. Un sociópata es una persona que tiene tendencias antisociales. Ahora, estas tendencias antisociales son generalmente el resultado de factores sociales y ambientales; por ejemplo, una persona que tiene una mala infancia puede llegar a ser un sociópata porque no confía en la sociedad en general, o ha desarrollado ciertos problemas psicológicos como resultado de la educación desfavorable.

Por otro lado, los rasgos psicópatas son innatos. Las personas no se convierten en psicópatas; Son psicópatas nacidos. Sin embargo, los factores sociales y ambientales pueden contribuir al tipo particular de psicopatía de una persona. Por ejemplo, las personas que nacen con rasgos psicópatas y se crían en un ambiente caótico y violento tienen más probabilidades de tener manifestaciones más pronunciadas de su psicopatía. Los expertos coinciden en que hay tres factores principales que contribuyen a la psicopatía; genética, anatomía cerebral y factores ambientales.

Al igual que los otros rasgos oscuros, la psicopatía existe en un espectro. Los médicos utilizan un sistema de evaluación a escala para medir el nivel de psicopatía; todos caen en algún lugar de esa escala, pero las personas con un puntaje de 30 o más se consideran psicopatía que se eleva al nivel de significación clínica. Los profesionales de la salud mental utilizan el test de Hare para verificar si hay psicopatía, principalmente en pacientes clínicos y delincuentes, pero si sospecha que alguien con quien está tratando es un psicópata, puede encontrar este test en línea y usarlo gratuitamente como guía, si quieres saber con certeza si realmente estás tratando con un psicópata.

Sadismo

Al igual que los otros tres rasgos oscuros, el sadismo se caracteriza por la insensibilidad. Los sádicos tienden a tener niveles normales de impulsividad y manipulación, lo que explica por qué este rasgo no se incluyó originalmente en lo que ahora se conoce como la "tríada oscura". La característica definitoria de los sádicos es que disfrutan de la crueldad. Todos los días, los sádicos tienden a ser normales y funcionales, pero disfrutan de perjudicar a los demás. Los sádicos se conocen como "sádicos cotidianos" porque es importante hacer una distinción entre ellos y los narcisistas, maquiavélicos y psicópatas que pueden manifestar sadismo como parte de sus otros rasgos oscuros. Los sádicos están intrínsecamente motivados para causar daño a otros, incluso si son completamente inocentes. A veces, los sádicos pueden priorizar la imposición de dolor emocional a otros, incluso si tiene un costo personal para ellos. Encuentran que la crueldad es placentera y emocionante, y algunos incluso la encuentran sexualmente estimulante.

Algunos psicólogos han notado que los sádicos a menudo se sienten atraídos por las carreras profesionales donde se les permite dañar a otras personas bajo la apariencia de un trabajo legítimo. Eso significa que muchos de ellos acuden a la policía, los militares, etc. Los psicólogos han observado que cuando los niveles de sadismo en las fuerzas policiales se comparan con los niveles de sadismo en la población general, los niveles dentro de los departamentos de policía siempre son invariablemente más altos. Esto podría explicar por qué las fuerzas policiales a menudo tienen problemas con algunos de sus miembros que deciden hacer justicia por mano propia.

Los sádicos tienden a infligir dolor a las personas que los rodean sin razón alguna, y es probable que aumenten, especialmente cuando descubren que la persona en cuestión no lo rechaza. Eso explica por qué los acosadores siguen molestando a las personas que no les hacen frente.

Los sádicos son el tipo de personas que le contarían tus secretos a otras personas incluso después de prometer mantenerlos en privado porque disfrutan cuando experimentas molestias. También es más probable que retraten a otros en términos falsos o poco halagadores, con la intención de

De esta manera, los intereses del manipulador avanzan, generalmente a expensas de la otra persona en esa ecuación. La manipulación psicológica emplea métodos que son desviados y explotadores, y a menudo son utilizados por personas que tienen uno o más de los rasgos oscuros de personalidad que discutimos en el capítulo anterior.

Ahora, desde el principio, debemos asegurarnos de que comprenda que no toda la manipulación psicológica y la influencia social son negativas. Es posible manipular a alguien para su propio bien. Por ejemplo, los padres pueden manipular a sus hijos para que coman vegetales. Más allá de que se trate de manipulación, termina beneficiando al niño porque su salud mejora. Del mismo modo, los amigos, los familiares y los profesionales de la salud pueden tratar de influir en usted utilizando ciertas técnicas de manipulación con el objetivo de lograr que tome las decisiones correctas en ciertas situaciones.

La influencia social es una parte normal e importante del discurso social. En la influencia social saludable, no hay ningún aspecto de la coerción. En otras palabras, cuando una persona bien intencionada trata de influir sobre ti y te resistes a esa influencia, no te va a forzar a hacer lo que quiere. Sin embargo, en la manipulación psicológica no saludable, el manipulador a menudo recurre a técnicas coercitivas si sienten que eres resistente a las técnicas más suaves que han estado tratando de usar sobre ti.
Cuando las personas maliciosas despliegan técnicas de manipulación psicológica contra usted, generalmente intentan ocultar la naturaleza agresiva de sus intenciones, por lo que debe comprender que la mayoría de sus técnicas están diseñadas para ser sutiles. La mayoría de ellos también tardarán un tiempo en conocerte y comprender tus vulnerabilidades

psicológicas antes de que puedan decidir qué técnicas de manipulación funcionarán sobre ti. Esto significa que solo porque conoces a alguien por un tiempo, y no has visto que intenten hacerte daño de ninguna manera, no garantiza el hecho de que sus intenciones sean puras, lo que significa que no debes comenzar a ignorar tus instintos sobre ellos. Los mejores manipuladores son aquellos que revelan sus intenciones mucho después deque haya decidido confiar en ellos.

Recuerde que los manipuladores generalmente tienen una tendencia a la crueldad, por lo que incluso si lo tratan bien al comienzo de su relación con ellos, preste mucha atención a la forma en que actúan con los demás. Si los ve usando técnicas de manipulación contra otras personas, debe saber que es solo cuestión de tiempo antes de que usen las mismas técnicas en su contra.

En este capítulo, discutimos las técnicas de manipulación psicológica más comunes que usan las personas que quieren lastimarlo o aprovecharse de usted. Es importante comprender estas técnicas y cómo funcionan para que pueda detectarlas cuando se usan contra usted o alguien cercano a usted, y para que sepa cómo defenderse de ellas.

Gaslighting

Gaslighting es una de las técnicas de manipulación psicológica más letales que existen. Es donde un manipulador intenta que su objetivo comience a cuestionar su propia realidad. Implica hacer que alguien dude de sus propios recuerdos y percepciones y, en su lugar, comience a creer lo que elmanipulador quiere que crea.

El manipulador sembrará la duda en la persona para que empiece a pensar que o bien recuerda las cosas mal o está perdiendo la cordura. El gaslighting involucra la negación persistente de cosas que son hechos obvios. También implica mucho extravío, contradicciones y mentiras descaradas. Cuando una persona es sometida a un gaslighting durante mucho tiempo, comienza a volverse inestable y comienza a sentir que suspropias creencias son ilegítimas.

Un ejemplo común de gaslighting es cuando un abusador convence a la víctima de que el incidente abusivo que recuerda ni siquiera ocurrió. Este fenómeno es más común de lo que puedas imaginar, y ocurre en todo tipo de relaciones. Un cónyuge abusivo podría negarle haber abusado de usted cuando lo confronte más tarde, ya sea negando descaradamente que haya abusado o afirmando que no sucedió como usted lo recuerda y que su versión de los hechos es muy exagerada.

Un jefe o colega manipulador podría aprovecharse de un subordinado y luego negar que sucedió de esa manera. Alguien que te tocó a tientas más tarde podría afirmar que "accidentalmente te ha rozado", y puede insistir tanto en ello, hasta el punto de que comienzas a pensar que tal vez te equivocaste.

Puedes preguntarte; "¿Cómo funciona? Quiero decir, tengo una sólida comprensión de mi propia realidad, ¡y dudo que alguien pueda convencerme de que mis percepciones están equivocadas!"

Es fácil suponer que el gaslighting no funcionará en usted porque es inteligente o porque tiene una voluntad fuerte, pero la verdad es que cuando un manipulador es bueno en lo que está haciendo, es posible que ni siquiera lo vea venir. La forma en que funciona es que a menudo comienza con pequeñas mentiras por parte del manipulador y pequeñas concesiones por su parte.

Digamos, por ejemplo, que su novio llega unos minutos tarde a una cita cuando acordó reunirse a una hora específica, e insiste en que llegó a tiempo y que fue usted quien llegó un poco antes y está equivocado acerca de la hora que habían acordado. En ese momento, podría pensar: "Bueno, una diferencia de 10 minutos no es tan importante, y tal vez simplemente hubo mala comunicación". Puede descartar esta pequeña discrepancia porque parece inconsecuente, pero eso será solo el comienzo. La próxima vez, la mentira se hará un poco más grande, y también te sentirás obligado a disculparlo, porque ya dejaste pasar algo, por lo que parecería inconsistente si hicieras un gran alboroto en este punto.

Después de sembrar esa semilla inicial, las mentiras comenzarán a escalar, y continuarás haciendo concesiones y acordando cosas que sabes que son mentiras, hasta que un día, te das cuenta de que todo ha llegado muy lejos.

Puede que ni siquiera te des cuenta cuando las pequeñas mentiras se convierten en mentiras más grandes. En cada paso del camino, dejarás de lado tu realidad y aceptarás la versión de las cosas de la otra persona, y teencontrarás confiando en su juicio sobre el tuyo.

En pocas palabras, la el gaslighting implica desensibilizarlo de su propia realidad, hasta que la verdad se convierta en lo que la otra persona dice quees.

Es más probable que el gaslighting funcione en situaciones donde existe una dinámica de poder entre dos personas, o entre una persona y un grupo de personas. En una relación en la que la víctima depende financiera o emocionalmente del manipulador, la víctima puede aceptar dejar de lado su realidad porque es más cómodo hacerlo que enfrentarse al manipulador, solo para terminar perdiendo la relación. En el lugar de trabajo, un subordinado puede aceptar las mentiras del jefe porque tiene miedo de perder su trabajo. En una situación en la que un líder comete el acto de gaslight hacia sus seguidores, a menudo funciona porque en el fondo, los seguidores quieren creer lo que sea que el líder les está diciendo.

Hay varias técnicas que utilizan los gaslighters para dominar a sus víctimas. Una de esas técnicas es la retención. Aquí es donde el manipulador se niega a escuchar lo que la víctima dice o finge no entender lo que está diciendo.

Puede que digas algo importante, pero la respuesta que se obtiene es: "Nisiquiera recuerdo esto de lo que sigues hablando".

Otra técnica de gaslighting se llama contrarrestar. Aquí es donde el manipulador cuestiona la memoria de la víctima de los eventos en las preguntas. Dicen cosas como "¿Estabas sobrio? Porque realmente las cosas no sucedieron así". El manipulador luego ofrecería una versión completamente diferente de la historia, donde se presenta como el héroe o incluso la"verdadera víctima ".

Los gaslighters también utilizan el bloqueo y el desvío como una técnica de manipulación. Aquí es donde cambian la historia o cuestionan la forma en que piensa la víctima para evitar abordar cualquier problema que plantee lavíctima.

Trivializar es también una técnica común de gaslighting. Aquí es donde el manipulador hace que la víctima sienta que sus sentimientos o necesidades no son tan importantes, o que simplemente está siendo innecesariamente dramática. Los manipuladores en tales casos pueden decir cosas como "nohagas la situación más grande de lo que es".

Es posible que pueda saber si alguien está realizando gaslighting sobre si usted si descubre que con frecuencia se cuestiona a sí mismo o que sus convicciones se desvanecen cuando interactúa con cierta persona. Si una persona lo hace reflexionar sobre ciertos defectos de carácter, lo más probable es que sea un gaslighter. Alguien que te diga que eres demasiado emocional realmente podría estar tratando de que dejes de confiar en tus emociones. Si te sientes confundido acerca de la naturaleza de tu relación, o sientes que la persona te está volviendo loco, o que estás perdiendo el control cuando estás con ellos, es posible que lo estén haciendo.

Si tienes la intención de tener una discusión sobre algo específico, pero un momento después te encuentras discutiendo con tu pareja sobre otro tema, significa que la persona está frustrando deliberadamente tus esfuerzos genuinos por comunicarte, y podría ser una señal de gaslighting.

Si te sientes confundido acerca de tus propias creencias, pensamientos y sentimientos cuando estás con alguien, eso es una clara señal de alerta. Cuando usted está siendo manipulado por un gaslighter, es posible que también se disculpe constantemente por "estar equivocado" o que con frecuencia se encuentre inventándose excusas a usted mismo y a los demáspor el comportamiento de su pareja.

Proyección

La proyección es una técnica de manipulación psicológica en la que alguien transfiere sus emociones y errores a usted. La proyección es un mecanismo de defensa que casi todos usan hasta cierto punto. Todos tenemos una tendencia natural a proyectar nuestras emociones negativas y sentimientos indeseados en las personas que nos rodean, y esto sucede a menudo cuando sentimos que nos han puesto en evidencia. Sin embargo, mientras que todos lo hacemos en cierta medida, los narcisistas y las personas con otros rasgos oscuros de personalidad tienden a hacerlo en exceso y hasta extremos absurdos.

A las personas tóxicas les resulta muy difícil admitir incluso ante sí mismas que las cosas desagradables que las rodean podrían ser el resultado de su propia acción, y siempre encuentran culpables a las personas de cada pequeña cosa que sucede. Estas personas a menudo se desviven para evitar asumir la responsabilidad de sus propias acciones. Como resultado, pueden asignarle comportamientos y rasgos negativos. Por ejemplo, si tiene un jefe que siempre llega tarde al trabajo, es posible que se sorprenda al encontrarlo acusándolo de llegar tarde, incluso si es sistemáticamente puntual. Es más probable que un cleptómano te acuse de robar sus objetos personales.

En las relaciones, es más probable que un manipulador que te engaña te acuse de haberlo engañado/a, o que actúe de una manera que sugiera que sospecha de ti. Cuando una persona te está engañando, puede elegir espiarte revisando tus mensajes, llamadas telefónicas y correos electrónicos, y es más probable que te insista con muchas preguntas cada vez que llegues unos minutos tarde. En cambio, una buena pareja puede sospechar un poco o sentirse insegura si de repente te vuelves más reservado o ausente, pero si tu pareja comienza a tratarte con sospecha incluso si actúas completamente normal, es probable que sean ellos los que estén engañando, y simplementeestén proyectándolo sobre ti.

Los manipuladores tienden a proyectarse en parte porque quieren destruirte y mantenerte a la defensiva, y esto les da más control sobre tu vida. Cuando te acusan de ciertas cosas, y sientes que les debes una explicación, les permite dominarte; en otras palabras, creen poder convertirse en el "jefe o tú" y tú tienes que responderles. Mientras tratas de defenderte frenéticamente de las acusaciones que han hecho contra ti, pueden hacer lo que quieran, y nunca tienes tiempo para llamarles la atención por sus errores. También cuentan con el hecho de que se sentiría extraño e infantil si los acusaras de exactamente lo mismo de lo que ya te han acusado, lo cual que elimina la posibilidad de que puedas enfrentarlos en base a las sospechas que puedas tener.

Como hemos mencionado, la proyección es algo que todos hacen, y eso puede complicar las cosas si una persona manipuladora se proyecta sobre ti. Cuando alguien proyecta emociones negativas sobre ti, es posible que tengas una inclinación natural a proyectar tu sentido de empatía y compasión hacia ellas. Esto explica por qué la proyección funciona tan bien como una técnica de manipulación. Incluso cuando alguien te acusa de hacer algo malo, sentirás compasión por ellos y te esforzarás para asegurarles que están equivocados; pero cuando haces esto, ellos ganan, aunque con tu ayuda. Cuando sientas que alguien se está proyectando sobre ti, lo mejor que puedes hacer es dejar tus propias emociones fuera de la situación e intentar responder de la manera más racional posible.

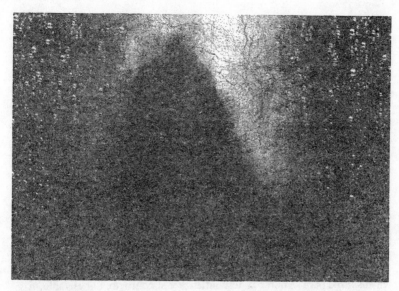

Aislamiento

Todos tenemos sistemas de apoyo social que nos ayudan a enfrentar situaciones difíciles y nos impiden tomar decisiones que son malas para nosotros. Tenemos amigos y familiares que se dan cuenta cuando nuestro comportamiento cambia, o cuando comenzamos a salir con "malas personas", y siempre nos cuidan la espalda. Los manipuladores entienden esto, y una de las primeras cosas que harán cuando intenten controlar su vida es aislaro a usted de su entorno.

El aislamiento facilita el abuso porque elimina cualquier recurso que usted pueda tener cuando alguien comienza a ser abusivo. Cierra las vías de escape de la víctima y aumenta su sensación de impotencia. El abusador se asegura de que cuando las cosas vayan al sur, no haya nadie allí para rescatarte. Aumenta el poder que el abusador o manipulador tiene sobre la víctima porque hace que la víctima sea más dependiente del abusador.

Aislar a la víctima del mundo exterior es ampliamente utilizado por todo tipo de manipuladores. Cuando un líder de culto trata de adoctrinar a los reclutas jóvenes, se asegurará de que estén encerrados para que pueda tener un control completo sobre la información que reciben. Lo mismo ocurre en las relaciones abusivas, el acoso laboral y muchas otras áreas.

Cuando un abusador se dispone a aislarte, comenzará abriendo una brecha entre ti y las personas de las que dependes. Aprenderá todo sobre la dinámica entre usted y su familia y amigos, y usará las debilidades en sus lazos para sembrar la desconfianza y el conflicto. Por ejemplo, si un hombre sabe que estás cerca de tu hermana, pero tienes algunos conflictos infantiles sin resolver con ella, puede intentar reavivar esos conflictos paraque comiences a distanciarte.

En el lugar de trabajo, un manipulador puede crear enemistad entre usted y sus colegas para que se enojen con usted y dejen de ponerse del lado de usted o de cuidar su espalda. Si te unes a una secta o cualquier tipo de grupo y el líder es un manipulador, puede insistir en que cortes los lazos con tu familia y amigos, y solo dependas de otras personas dentro de ese grupo.

Los rivales en los negocios, en el trabajo o incluso en su vida personal pueden aislarlo al difamar su nombre y desacreditarlo con otros miembros de la comunidad. "Dividir y vencer" es también una forma de aislamiento que es particularmente usado por personas con el rasgo de maquiavelismo. En este caso, el manipulador está utilizando el aislamiento como una espada de doble filo para obtener el control sobre ambas partes que están siendoseparadas entre sí.

Una vez que un abusador ha logrado aislarte, llevará su abuso al siguiente nivel porque sabe que no tienes a quién recurrir. De hecho, otras técnicas de manipulación, como el gaslighting, funcionan aún más efectivamente cuando una persona está aislada.

Dicen que el amor es ciego y, a veces, al principio o en las relaciones, somos ciegos a los rasgos oscuros de las personas con las que estamos saliendo. Algunos manipuladores pueden tratar de aislarte desde la primera vez que los conoces. Si comienzas a salir con alguien y notas que él nunca quiere pasar el rato en tu casa, o que nunca quiere que traigas a tus amigos a citas casuales, es probable que esté tratando de aislarte para que no puedas hacer que tus amigos te den una evaluación objetiva de su carácter.

En el lugar de trabajo, el aislamiento puede tomar muchas formas diferentes. Una persona puede aislarlo negándole el acceso a ciertas oportunidades, reteniendo información importante de su persona o manteniéndolo al tanto de asuntos que son cruciales para su desempeñolaboral.

El aislamiento también puede ser utilizado por una persona manipuladora como una forma de castigo si no está haciendo lo que quiere. Por ejemplo, una persona abusiva puede invitar a todos sus amigos y conocidos a una reunión, pero no invitarlo a usted para hacerlo sentir excluido y que se vea obligado a hacer lo que quiere solo para obtener una invitación para la próxima reunión.

Refuerzo Positivo

Siempre pensamos en el refuerzo positivo como algo bueno, pero las personas malvadas también pueden usarlo para manipular a sus víctimas. El hecho es que todos usamos el refuerzo positivo de una forma u otra. Los padres lo usan para que sus hijos se comporten correctamente, los maestros lo usan para hacer que sus estudiantes estén más interesados en la escuela, los jefes lo usan para fomentar la productividad y los socios lo usan para modificar el comportamiento de los demás en las relaciones. Es una parte integral de nuestras interacciones sociales, pero solo se convierte en un problema cuando va en detrimento de la persona en la que se está utilizando.

El refuerzo positivo ocurre cuando un estímulo bueno o deseable se presenta de tal manera que parece ser consecuencia de cierto comportamiento. Por ejemplo, un niño que come sus verduras obtiene una bola de helado al final de la comida, y registra en su mente que esas dos cosas están intrincadamente relacionadas. Una empleada que trabaja duro y se vuelve más productiva recibe una bonificación al final del mes, y su cerebro establece la conexión entre el trabajo duro y el ingreso extra disponible. La próxima vez que la persona tenga que realizar la misma actividad, recordará el sentimiento positivo o la recompensa de la vez anterior y tomará un curso de acción que garantice la obtención de un resultado similar.

Cuando los manipuladores usan refuerzos positivos, siempre intentan que hagas cosas que los beneficien. Por ejemplo, una persona abusiva en una relación puede comprarle un regalo después de un incidente abusivo mayor para evitar que se vaya o lo denuncie. Es posible que haya oído hablar de personas que golpean a sus cónyuges y luego les compran flores al día siguiente. En tales casos, el abusador está tratando de hacer que acepte el abuso como una norma que viene con una recompensa. El mensaje aquí esque "si te callas, obtienes algo bueno".

El refuerzo positivo también es utilizado por los manipuladores que quieren que seas su cómplice cuando se aprovechan de un tercero. Los maquiavélicos son particularmente buenos en el uso de esta técnica. Por ejemplo, un jefe que malversa el trabajo puede ofrecerle una recompensa para mantener su secreto.

Los manipuladores a menudo usan refuerzo positivo de forma incremental cuando quieren que hagas algo en contra de tu voluntad. El objetivo aquí es adormecerlo. Saben que una vez que haya aceptado un nivel básico de refuerzo positivo, pueden avanzar y empujarlo fuera de su zona de confort.

La forma más simple y más utilizada de refuerzo positivo es una recomendación. Cuando alguien se esfuerza para felicitarte en público, podría estar usando un refuerzo positivo para manipularte. Por ejemplo, cuando estás con un grupo de amigos y uno de ellos comienza a decir qué buen tipo eres, cuánto saben que pueden confiar en ti, lo más probable es que te esté untando para pedirte un favor.

Refuerzo Negativo

El refuerzo negativo es una forma de manipulación psicológica que se utiliza para hacer que las personas se sientan obligadas a actuar de cierta manera para evitar ciertos niveles de dolor o incomodidad mental o física. En el refuerzo positivo, obtienes una recompensa por actuar como el manipulador quiere que actúes, y el deseo de esa recompensa es lo que modifica tu comportamiento en el futuro. Sin embargo, el refuerzo negativoes un poco más complicado.

Para comprender el concepto de refuerzo negativo, primero debe comprender por qué es diferente del castigo. Ambas son técnicas de manipulación populares, pero hay una sutil diferencia entre ellas. Muchas personas suponen que son lo mismo, pero no lo son. En el castigo, el manipulador agrega algo negativo cuando no actúas de cierta manera. En el refuerzo negativo, el manipulador resta algo negativo cuando actúas de la manera que ellos quieren que actúes.

El refuerzo está destinado a fortalecer las respuestas voluntarias, mientras que el castigo está destinado a debilitar las respuestas voluntarias; el manipulador elegirá un método u otro según el tipo de resultado que deseeen esa situación particular.

Si bien el castigo está destinado a evitar que un determinado comportamiento vuelva a ocurrir, el refuerzo está destinado a alentar que el comportamiento vuelva a ocurrir. Un manipulador usaría el castigo para evitar que hagas algo que no quiere que hagas. Sin embargo, usará refuerzo negativo para forzarte a hacer (o seguir haciendo) algo que él quiera. Por ejemplo, ser persistente es más una técnica de refuerzo negativo que un castigo. Cuando alguien quiere que hagas algo, son persistentes para que lo hagas, y el fastidio (que es el estímulo negativo) se detiene cuando cumples. Por lo tanto, el refuerzo negativo funciona sobre ti porque quieres detener un estímulo negativo que ya existe, mientras que el castigo funciona porque quieres evitar que algo negativo suceda.

Cada vez que alguien hace algo negativo y te insiste para que tomes una determinada medida, eso es refuerzo negativo. Cuando estás tratando de romper con alguien, y él/ella llora muy fuerte al respecto en un lugar público, hasta que cambias de opinión, están usando un refuerzo negativo para manipularte (en ese momento, sientes que las miradas incómodas de los extraños solo se detendrán si aceptas a la persona de nuevo).

Las sanciones también son una forma muy común de refuerzo negativo. Son utilizados por naciones poderosas para lograr que otras naciones se doblleguen a su voluntad, pero también pueden usarse en relaciones interpersonales o en el trabajo de una u otra forma. Una sanción es básicamente una amenaza de una consecuencia futura si no haces algo. Las sanciones pueden usarse en relaciones para el bien común o para intenciones maliciosas; debe evaluar la situación individual para determinar si el uso de sanciones (o cualquier otra técnica de refuerzo negativo) es malicioso.

Castigo

En la manipulación psicológica, el castigo es una acción negativa que toma el manipulador para debilitar las respuestas voluntarias de la víctima. El castigo funciona porque hace que la víctima tema las consecuencias de ir en contra de la voluntad del manipulador. Ya hemos visto cómo el castigo difiere del refuerzo negativo, pero debemos señalar que en algunos casos, esos dos pueden superponerse. En este segmento, analizaremos algunos de los tipos de castigo más comunes que utilizan las personas con rasgos de personalidad oscura para manipular a sus víctimas.

Persistencia

La persistencia, también conocido como fastidiar o intimidar, es una forma de manipulación en la que una persona insta continuamente a otra a hacer algo, a pesar de que la otra persona se negó previamente a hacerlo o a aceptar hacerlo en otro momento. Un famoso autor describió la persistencia como una interacción en la que una persona hace una solicitud repetida mientras la otra ignora repetidamente esa solicitud, y ambas personas se molestan a medida que la batalla de voluntades se intensifica.

Aunque tiene connotaciones negativas, la persistencia es en realidad una parte integral de la comunicación interpersonal en muchas dinámicas sociales. Los padres regañan a sus hijos para que hagan ciertas cosas. De hecho, la persistencia es necesaria cuando se entrena a los niños para que adopten ciertos hábitos constructivos. La persistencia también puede ser utilizado por personas bien intencionadas; amigos o socios pueden insistirte para que hagas cosas que te beneficien. De hecho, es necesaria cierta persistencia, incluso en relaciones saludables. Sin embargo, las personas con rasgos de personalidad oscuros pueden ser persistentes para que hagas cosas que los beneficien y te afecten negativamente.

Para saber si la persona que es insistente tiene intenciones maliciosas, debes examinar la situación individual. ¿Te están pidiendo que hagas algo que solo los beneficie a ellos? ¿La persistencia parece contundente? ¿Detectas ira o amenazas en su lenguaje corporal y en las palabras que eligen usar?
¿Están intentando hacerte sentir culpable para que hagas algo que noquieres hacer?

Si su novia le pide repetidamente que saque la basura, eso podría indicar que tiene algunos problemas de control, pero eso no es lo mismo que tener intenciones maliciosas. Cuando las personas malintencionadas te regañan, generalmente hay un "de lo contrario..." en lo que te piden que hagas, y si miras el subtexto, te darás cuenta de que es más una demanda que una solicitud.

Gritos

Los gritos funcionan como una técnica de manipulación por una simple razón; te hace sentir incómodo o asustado hasta el punto de cumplir con lo que sea que el manipulador quiera que hagas. Hay dos formas principales en que los manipuladores usan gritos para manipular a otros. La gente grita para dominarte o para hacer el papel de víctima y ganarse tu simpatía.

Los gritos se pueden usar para intimidar a alguien. Cuando una persona manipuladora te grita, puede estar tratando de intimidarte porque es más probable que hagas lo que él quiere si les tienes miedo. Las personas manipuladoras recurren a gritar en parte porque en ese momento saben que no tienen un argumento lógico para que hagas lo que ellos quieren. Saben que si usted se atiene a los hechos del asunto, podría Isalir triunfante; entonces gritan porque quieren desorientarlo y hacerle perder el argumentopor defecto.

Cuando una persona levanta la voz durante una discusión, es una clara señal de hostilidad creciente, pero también podría ser una señal de que le apasiona el tema de discusión. Debe evaluar los gritos en contexto para comprender si se está utilizando para manipularlo. Al igual que con las otras técnicas de manipulación; tienes que mirar la intención de la persona.

Cuando los manipuladores gritan para jugar el papel de víctima durante una interacción, a menudo (pero no siempre) eligen hacerlo frente a un público. Cuando una persona (particularmente una que se percibe como más débil) le grita a usted en un lugar público, los transeúntes que no tienen la historia completa de lo que está sucediendo asumirán automáticamente que eres tú el que está equivocado, y eso te posiciona en el punto de mira. Puede verse obligado a aceptar lo que le dice la otra persona solo para evitar la mirada crítica de los extraños.

Tratamiento Silencioso

El tratamiento silencioso funciona como una técnica de manipulación porque es una forma de retirada amorosa. Cuando una persona te da el tratamiento silencioso, esencialmente dice: "Retiro el amor a menos que hagas lo que yo quiero". Es una forma de castigo diseñada para controlar alas personas, y es un tipo muy popular de abuso emocional.

El tratamiento silencioso solo funciona en casos en los que existe un cierto nivel de dependencia emocional entre las dos partes (a uno no le importa si un extraño le dio el tratamiento silencioso). En ciertas dinámicas, el tratamiento silencioso puede usarse para hacerte sentir impotente e invisible; como si ni siquiera existieras.

Como seres sociales, necesitamos la aprobación y el afecto de los demás para prosperar. Incluso las personas introvertidas necesitan tener algún tipo de ida y vuelta con las personas en sus vidas para sentirse completas.
Cuando alguien te da el tratamiento silencioso, te niegan ese afecto, y puede afectarte psicológicamente y obligarte a hacer ciertas concesiones que no estás listo para hacer.

Entonces, un manipulador le pedirá que haga algo, y cuando usted diga que no, él/ella comenzará a ignorarlo. No responderán cuando les hables, y no responderán tus llamadas o mensajes de texto. Algunos de ellos incluso pueden desaparecer repentinamente de tu vida o hacer todo lo posible para evitar estar en la misma habitación que tú. Cuanto más involucrado emocionalmente estés, mayores serán las posibilidades de que decidas que la animosidad no vale la pena para mantenerte firme, y te encontrarás haciendo lo que ellos quieren.

El tratamiento silencioso es uno de esos malos hábitos que tienden a intensificarse con el tiempo en una relación. Si alguien usa esta técnica contra ti una vez y funciona, comenzará a usarla en todo momento.

Intimidación

La intimidación puede ser encubierta o abierta, pero en cualquier caso, es utilizada por los manipuladores para que te doblegues a su voluntad por miedo.

La intimidación manifiesta o abierta también se conoce como intimidación. Eso es cuando los manipuladores hacen amenazas abiertas para que hagas lo que quieren. Usarán el miedo para amenazarlo hacia la sumisión. Puede ser una amenaza a través de la violencia física. Blandirán ira y rabia para demostrarte que tienen tendencias violentas. Si te mantienes firme, incluso pueden recurrir a la violencia física real. Generalmente son personas iracundas que tienen problemas con la autoridad.

La intimidación encubierta implica el uso de amenazas disimuladas o vagas para manipular a las personas. Las personas que utilizan la intimidación encubierta tienen tendencias violentas, pero intentan controlarse porque la sociedad reacciona frente a las manifestaciones abiertas de violencia. Estas personas son muy peligrosas porque son buenas para ocultar su verdadera naturaleza del resto del mundo. Estos son los tipos de personas que abusan de sus cónyuges en el interior pero luego presentan un carácter carismático al resto del mundo.

Las personas que usan la intimidación como recurso, tienden a ser muy calculadoras, y son buenas para idear formas diabólicas de castigarlo si nohace lo que quiere.

Aprendizaje traumático de una prueba

El aprendizaje de una prueba hace referencias a experiencias singulares que afrontamos, que terminan moldeando nuestro comportamiento en el futuro. Este tipo de experiencia suele ser traumática y lo suficientemente poderosa como para disuadirnos de actuar de cierta manera por el resto de nuestras vidas.

En muchos casos, el aprendizaje de una prueba puede ocurrir sin que nadie lo induzca o nos lo imponga. Por ejemplo, si prueba un determinado tipo de alimentos por primera vez, y luego sufre una grave intoxicación alimentaria, puede estar traumatizado hasta el punto de evitar volver a comer ese alimento en el futuro. El aprendizaje en una prueba es importante para los humanos y todos los animales porque es crucial para la supervivencia. Cuando aún éramos cazadores y recolectores, el aprendizaje en una sola prueba nos ayudaba a evitar los alimentos venenosos o las situaciones peligrosas.

Las personas malintencionadas usan el aprendizaje de una prueba como una técnica de manipulación para hacernos cruzar ciertas líneas. La forma en que funciona es que inducen la experiencia traumática de tal manera que se aseguran que nuestros cerebros asocien ciertas acciones con el trauma.

Un ejemplo de esto es el castigo corporal. El castigo corporal es menos común en las sociedades occidentales de lo que fue hace unas décadas, pero es una de las formas más comunes de aprendizaje de una sola prueba para comprender. Solía suceder que cuando un niño hacía algo mal, los padres (o maestros) lo golpeaban y le dejaban muy claro por qué estaba siendo castigado. En el futuro, cuando el niño considerara volver a cometer el mismo error, recordaría el dolor que experimentó anteriormente y decidiría que no valía la pena repetir la experiencia dolorosa. Por supuesto, el castigo corporal ahora está mal visto o es ilegal en la mayoría de las jurisdicciones porque causa graves heridas psicológicas y problemas de autoestima.

Los manipuladores utilizan el aprendizaje traumático de una prueba de muchas maneras diferentes. Utilizan el abuso verbal, la intimidación y la ira explosiva para traumatizar a las personas y evitar que actúen de ciertas maneras en el futuro. Por ejemplo, supongamos que está en un equipo con un colega que no está ejerciendo su peso en el proyecto en el que está trabajando. Un día, decides confrontarlo al respecto de una manera tranquila y racional. Sin embargo, reacciona de una manera muy explosiva. Te llama dice malas palabras, hace un berrinche, provoca una escena y, te pone extremadamente incómodo y traumatizado. En el futuro, cuando surja un problema similar, tendrás miedo de confrontarlo, por lo que se saldrá con la suya. En este caso, él te ha manipulado al condicionarte para evitar confrontarlo o molestarlo en el futuro.

Hay muchas variaciones en la forma en que funciona el aprendizaje traumático de una prueba, y se usa comúnmente para manipular a las personas en las relaciones interpersonales. La próxima vez que desee hacer algo, pero decida no hacerlo porque tuvo una mala experiencia en el pasado, debe saber que está lidiando con un aprendizaje traumático de una prueba; si la situación está vinculada a una persona específica, eso debería indicarle que la persona es manipuladora.

Manipulación de los hechos

La manipulación de hechos es una de las técnicas de manipulación psicológica más efectivas porque se basa en hechos que están sujetos a interpretación. Cuando una persona manipula hechos, técnicamente no está mintiendo; solo está usando los hechos a su favor. Podría involucrar la selección de determinados hechos, omitir ciertos hechos o sacarlos de contexto.

Incluso los hechos más indiscutibles están sujetos a interpretación, y las personas con rasgos oscuros de personalidad son muy buenos para encontrar interpretaciones que los retraten de la mejor manera posible. Los maquiavélicos son especialmente hábiles en el uso de información objetivapara convertir cosas malas en cosas aparentemente buenas.

Una forma de manipular los hechos en las relaciones interpersonales es inventando excusas. Las personas pueden excusar todo tipo de mal comportamiento creando narrativas que deforman el contexto de las acciones objetables que han tomado.

Otra forma de manipular los hechos es culpar a la víctima por causar su victimización. Hay muchos casos documentados donde los abusadores en las relaciones pudieron convencer a sus víctimas de que hicieron ciertas cosas para merecer el abuso. Hay muchos golpeadores que golpean a sus esposas, y se defienden diciendo: "me obligaste a hacerlo". Esta técnica de manipulación a menudo funciona de manera más efectiva después de que la víctima ha sido aislada de su sistema de apoyo. Las víctimas que están enamoradas o dependen del abusador tienen más probabilidades de aceptar interpretaciones distorsionadas de eventos abusivos porque su propio juicio se ve afectado por su afecto por el abusador.

La retención de información clave, o la divulgación estratégica de los hechos, es otra técnica común que implica la manipulación de los hechos. Alguien podría decirte la verdad con la intención de manipularte. Los manipuladores saben que su reacción a cierta información depende del estado de ánimo en el que se encuentre la otra persona cuando reciba la información, o de si considerará esa información como una prioridad en el momento en que la reciba. Los manipuladores también saben que ocultar ciertos detalles clave puede afectar la forma en que se digiere y reacciona ala información.

Las revelaciones estratégicas y la retención de detalles clave se utilizan todos los días en las relaciones interpersonales, en los negocios e incluso en el discurso político. Los políticos usan esto todo el tiempo. Cuando tienen información que podría dañar su posición con el público, pero tienen la obligación legal de divulgarla, a menudo lo hacen al cierre de los negocios el viernes, cuando la mayoría de las personas están esperando el fin de semana y no le están prestando atención a los anuncios. De esta forma, se aseguran de que la información perjudicial no tenga mucha cobertura de losmedios.

Otras formas de manipular hechos incluyen: la exageración de los hechos, sensacionalismo de los hechos, subestimación de hechos o presentación de hechos con sesgos unilaterales. Todos usan todas estas técnicas hasta cierto punto; debe examinar la intención de cada persona para determinar si son maliciosos o no.

Control mental y juegos mentales

El término control mental tiene muchas definiciones e interpretaciones, pero lo crucial a tener en cuenta es que no implica ningún tipo de habilidad mágica o sobrenatural; solo requiere una comprensión rudimentaria de las emociones y el comportamiento humano. El control mental puede implicar lavarle el cerebro a una persona, reeducarla, reformar sus pensamientos, usar técnicas coercitivas para persuadirla de ciertas cosas o lavarle el cerebro.

Hay muchas formas de control mental, y podríamos escribir un libro completo discutiendo todas esas formas, pero para nuestros propósitos, veremos el concepto en términos generales. El control mental sucede

56

cuando una persona está tratando de hacer que otros sientan, piensen o se comporten de cierta manera, o que reaccionen y tomen decisiones siguiendo un determinado patrón. Puede variar desde una mujer que intenta que su novio desarrolle ciertos hábitos, hasta un líder de culto que intenta convencer a sus seguidores de que él es Dios.

El control mental se basa en una cosa: información. Tenemos los pensamientos y las creencias que hacemos tenemos porque los aprendimos. Cuando estamos sujetos a nueva información de manera deliberada y consistente, es posible alterar nuestras creencias, pensamientos o incluso recuerdos.

El cerebro está programado para sobrevivir, y con es efin es muy bueno para aprender información que es crucial para nuestra supervivencia.
Cuando recibe cierta información de manera consistente, su cerebro comenzará a creerla incluso si sabe que no es verdad. Por ejemplo, incluso si usted es la persona más racional que existe, si entra en la web y ve 100 videos sobre una determinada teoría de la conspiración, comenzará a creerla en cierta medida. Eso explica por qué las personas que parecen inteligentes pueden terminar siendo adoctrinadas en cultos o incluso grupos terroristas.

El control mental también funciona más efectivamente cuando uno depende de la persona que está tratando de controlar su mente. Incluso en relaciones involuntarias, la víctima puede comenzar a adquirir la visión del mundo del responsable si ha dependido de él durante mucho tiempo. Eso explica fenómenos como el síndrome de Estocolmo (donde las personas que son secuestradas o tomadas como rehenes comienzan a ser cariñosas con sus captores y simpatizan con sus causas).

Lo peor que puedes hacer es asumir que eres demasiado inteligente para que el control mental trabaje en usted. Bajo determinadas circunstancias, cualquiera puede ser persuadido para que abandone su visión del mundo yadopte la de otra persona.

Los juegos mentales son trucos encubiertos que se elaboran deliberadamente para manipular a alguien. Piense en ellos como técnicas de manipulación psicológica "artesanales". Mientras que otras técnicas se aplican ampliamente, los juegos mentales se crean para apuntar a personas muy específicas. Funcionan mejor cuando la víctima confía en el perpetrador, y el perpetrador comprende la personalidad y el comportamiento de la víctima.

La mayoría de las técnicas de manipulación psicológica que hemos discutido hasta ahora se pueden usar al crear juegos mentales. Una persona que lo comprende le dirá ciertas cosas o se comportará de cierta manera a su alrededor porque deliberadamente está tratando de hacer que reaccione de cierta manera. Casi siempre implica fingir ciertas emociones.

Las personas que juegan juegos mentales utilizan una comunicación que suena inocente para provocar reacciones calculadas de usted. Los psicólogos se refieren a tales juegos mentales como "conciencia unívoca", y han observado que ocurren en todas las áreas de la vida. Los juegos mentales ocurren en la política de la oficina, las relaciones personales e incluso en la diplomacia internacional.

En el trabajo, alguien podría intentar hacerte sentir que no estás a la altura de la tarea para poder robarte una oportunidad. En un matrimonio, tu pareja podría cometer ciertas ofensas aparentemente inocentes contra ti para que sientas que tienes algo que demostrar, y como resultado tomas un cierto curso de acción. En las citas, hay "artistas de la recolección" que usan diferentes tipos de trucos para que bajes la guardia y los dejes entrar.

Capítulo 4: Comportamiento y rasgos de carácter de los manipuladores

Poder saber si alguien se está aprovechando de ti o manipulándote es una de las habilidades de supervivencia más importantes que necesitas hoy en día. Todos los que están a su alrededor tienen sus propios intereses y agendas, pero es crucial saber cuándo esas agendas son maliciosas o pueden causarleun daño involuntario.

Los manipuladores tienen muchos rasgos identificables de comportamiento y carácter, algunos de los cuales discutiremos en este capítulo. Con la información que aprenda aquí, podrá saber si una persona es o no un manipulador, si su tipo de manipulación está destinada a causarle daño y qué tipo de manipulador es.

Estos son los rasgos de carácter y comportamiento que debe tener en cuentasi sospecha que alguien es un manipulador.

Mentir por comisión y mentir por omisión

Una mentira de comisión es lo que se llama una "mentira clásica". Cuando alguien dice algo que sabe que no es un hecho, eso es una mentira de comisión. En otras palabras, una mentira de comisión es algo que simplemente es falso. Implica decirle algo a alguien con la intención de engañarlo. Es extremadamente deliberado y su objetivo principal es obteneruna ventaja personal en una situación dada.

Mentir por comisión no siempre se hace con intenciones malas, pero las personas que se sienten más cómodas diciendo mentiras son más propensas a ser manipuladores. Todos mienten. Incluso niños pequeños aparentemente inocentes dirán una mentira de comisión para salirse del apuro; un niño con mermelada en la cara negará haberla comido porque está tratando de evadir las consecuencias de decir la verdad, no porque sea malicioso.

Cuando pasas tiempo con un manipulador, notarás que miente todo el tiempo por costumbre, incluso cuando la situación no lo requiere. Los narcisistas mentirán porque quieren que pienses mucho en ellos, mientras que los sádicos mentirán para causarte dolor. Las mentiras de la comisión pueden parecerle inútiles en situaciones específicas, pero siempre tienen un cierto valor para el manipulador, incluso si no puede verlo.

Mentir por omisión también se conoce como "detalles excluyentes". Lo cual, implica decir la verdad pero dejar de lado ciertos detalles específicos. También puede implicar no corregir ciertos conceptos erróneos que uno conoce. Las mentiras de omisión son más sofisticadas que las mentiras de comisión porque le dan a la persona una escapatoria en caso de que la descubran. Incluso en situaciones legales, es posible salirse con la suya, ya que siempre se puede argumentar que la persona que hizo las preguntas no fue lo suficientemente específica acerca de los detalles que quería que diera.

La primera y más común instancia de mentira por omisión aquella que implica dejar de lado los detalles. El mejor ejemplo de tal mentira es cuando un vendedor habla sobre los aspectos positivos de un producto pero no menciona sus aspectos negativos. Los manipuladores pueden usar mentiras de omisión para controlar la forma en que las personas reaccionanen ciertas situaciones.

Por ejemplo, cuando una persona maliciosa le informa lo que dijo un amigo mutuo sobre usted en una conversación anterior, puede optar por mencionar los detalles que pueden generar animosidad entre usted y su amigo, pero omiten los detalles compensatorios. Si alguien dijera tres cosas sobre ti; dos cumplidos y un comentario crítico, la persona maliciosa le informará sobre el comentario crítico y deliberadamente no mencionará los dos comentariospositivos.

No corregir los conceptos erróneos es un tipo de mentira de omisión menos común, y es utilizado principalmente por diabólicos maquiavélicos y psicópatas. Aquí es donde una persona te permite creer cierta cosa, incluso cuando sabe que no es cierto. Por ejemplo, si te culpas por una situación que la otra persona sabe que no es tu culpa, te dejarán creerlo porque eso los beneficia. Los manipuladores experimentados pueden decir cosas o actuar de maneras que lo lleven a usted a llegar a una conclusión falsa, y una vez que usted crea eso, le permitirán seguir creyéndolo.

Mentir por omisión se puede utilizar para engañar o confundir a las personas para que hagan suposiciones que beneficien a los manipuladores. Los manipuladores entienden que la mente humana tiende a llegar a conclusiones, por lo que a menudo usan señales que lo llevan a esas conclusiones. Los estafadores usan esta técnica todo el tiempo para ganarse la confianza de las víctimas desprevenidas. Por ejemplo, si está sentado en la sala de espera del hospital y alguien se le acerca con una bata de laboratorio, asumirá que la persona es un médico incluso antes de que comience a hablar con usted. En ese caso, habría llegado a una conclusión razonable basada en el contexto. Los manipuladores saben que las personas tienen la inclinación a hacerlo, por lo que crearán el contexto adecuado para que llegue a la conclusión que desean. Una vez que llegue a esa conclusión, le permitirán seguir creyéndolo y lo explotarán.

Negación

Cuando dice que alguien está en negación, a menudo significa que está teniendo dificultades para aceptar la realidad. Sin embargo, la negación adquiere un significado diferente en lo que respecta a los manipuladores. Los manipuladores usan la negación para fingir inocencia cuando saben muy bien que han hecho algo mal.

Los manipuladores utilizan la negación para controlar las impresiones de otras personas sobre quiénes son y las interpretaciones de las cosas que hicieron. Algunos manipuladores son tan buenos cuando se trata de usar la negación que pueden hacer que las personas comiencen a cuestionarse a sí mismos. La negación es un rasgo de comportamiento crucial para predecir si es probable que una persona le haga gaslighting. Si en las primeras etapas de una relación, su pareja niega descaradamente algo que ambos saben que es verdad, puede estar seguro de que es el tipo de persona que le hará gaslighting durante los próximos años.

Cuando se les hace frente a los manipuladores y se los deja en evidencia, pueden usar la negación para salvarse y quedar bien parados. Esto es bastante fácil de concebir; la persona no quiere admitir la verdad, entonces la niegan. Pero con algunas personas con rasgos de personalidad oscuros (especialmente los psicópatas), la negación va más allá de eso. Cuando la gente común usa la negación, lo hacen para engañarte. Sin embargo, cuando algunas personas perturbadas usan la negación, lo hacen para engañarte a ti y a ellos mismos. Este es un rasgo particularmente peligroso porque podría significar que la persona carece por completo de conciencia. Por ejemplo, si una persona te hace daño y niega haberlo hecho para apartarte, eso es una cosa. Pero si lo niega porque realmente cree que no hay nada malo en lo que hizo, entonces se trata de un psicópata peligroso.

La negación también indica que la persona con la que está tratando no está dispuesta a cambiar su comportamiento. En la medida en que te manipula a ti como lo haría con otras técnicas, la negación implica que la persona se siente justificada, y no dudará en volver a hacer exactamente lo mismo en elfuturo.

Dicen que aceptar un error es el primer paso para corregirlo. Si una persona no puede aceptar un error que ha cometido, significa que no está cerca del camino para solucionarlo. Si conoce a una persona (ya sea en el trabajo o en su vida personal), y nota que habitualmente niega cosas sobre sí misma, que son hechos objetivos, significa que está tratando con una persona rígida que haría todo lo posible por lograr que las cosas van bien, incluso si eso significa negarse a aceptar la verdad.

La negación puede ser un mecanismo de defensa, una táctica de manipulación o una forma de evitar asumir la responsabilidad. En cualquier caso, las personas que lo usan pueden causar graves daños a la psiquis de los demás, así que tenga cuidado con ellos.

Racionalización

La racionalización es similar a la creación de excusas. Las personas manipuladoras son muy hábiles cuando se trata de inventar narrativas que justifiquen la forma en que tratan a otras personas. Cuando te enfrentas a un manipulador, incluso con la acusación más condenatoria, la persona encontrará una explicación bien pensada y bastante convincente para sus acciones. Cuando la gente común racionaliza o se excusa por sus acciones, tiene la sensación de que, aunque están tratando de calmar su conciencia, se sienten culpables e incluso se disculpan por lo que han hecho. Sin embargo, cuando los manipuladores racionalizan sus acciones, están tratando de manejar la forma en que los percibes, y se sienten justificados en sus acciones.

La mayoría de la gente usa la racionalización como un mecanismo de defensa, o para hacer que las acciones que han hecho o estén por hacer parezcan moralmente tolerables. Cada vez que se utiliza la racionalización, la persona que la está utilizando da un cierto "salto". Cuanto más grande sea el salto, mayor será la puntuación de la persona cuando se evalúen los rasgos psicológicos oscuros.

Por ejemplo, una persona que racionaliza sacar $20 de la caja pequeña de la oficina para uso personal puede ser un poco narcisista, pero una persona que racionaliza malversar $20 millones de las cuentas de jubilación de la compañía puede tener niveles extremadamente altos de narcisismo, maquiavelismo o incluso psicopatía. Al igual que con todos los otros rasgos que son comunes en toda la población, la motivación detrás de la racionalización tiene relación con si la persona que lo hace tiene o no intenciones maliciosas.

Cuando te encuentras con alguien que racionaliza cosas que son claramente erróneas, debes examinar qué es lo que están racionalizando para saber cómo se sienten acerca de ciertos principios. Incluso si te encuentras teniendo una conversación hipotética con alguien, puedes aprender mucho sobre sus actitudes hacia ciertas cosas por la forma en que las racionaliza.

Por ejemplo, si te enfrentas a alguien que acabas de conocer que se comporta de manera beligerante y siempre encuentra formas de excusarse de ese comportamiento, podría significar que es el tipo de persona que cree en el principio de que el bullying es algo aceptable . Eso quiere decir que es solo cuestión de tiempo antes de que se dé la vuelta y empiece a intimidarlo.

Si está en una nueva relación, debe interesarse mucho en las cosas que su pareja está dispuesta a justificar. Una cosa que muchas personas no entienden es que si escuchas a alguien cercano a ti justificar algo y no te opones en principio, en su mente quedará registrado que estás de acuerdo con eso, y se convierte en parte de tu contrato social con la persona. Eso significa que una persona que racionaliza cosas pequeñas no dudará en racionalizar cosas más grandes si se aplica el mismo principio básico.

Minimización

La minimización implica trivializar las emociones o acciones de una persona con fines de manipulación. A menudo se combinan elementos de negación y racionalización; está en algún lugar entre esas dos características. Cuando una persona manipuladora no puede negar completamente algo, y tampoco puede racionalizarlo por completo, se conformará con minimizarlo.

Los manipuladores minimizan la importancia de ciertos eventos o emociones todo el tiempo. Las emociones o acciones que minimizan podrían ser las de usted, las de ellos o las de un tercero, siempre que sirva para sus propósitos.

Si usted ha logrado algo significativo, una persona manipuladora puede tratar de menospreciar o descontar ese logro. Una persona narcisista puede tratar de hacer que su contribución al esfuerzo del equipo parezca que "no es gran cosa", incluso si fue fundamental para el éxito de un proyecto en el que están trabajando juntos.

En una relación, su pareja puede trivializar sus emociones y hacer que parezcan insignificantes. Si reaccionas emocionalmente a algo que han hecho o dicho, pueden decir que eres demasiado sensible y que estás haciendo un gran escándalo por nada, o que eres inmaduro. Tanto los manipuladores masculinos como los femeninos pueden tener este rasgo de carácter. Un hombre podría decir que una mujer es una "reina del drama" por "reaccionar exageradamente" y una mujer podría acusar a un hombre de ser "poco masculino" por expresar emociones fuertes.

La minimización a menudo funciona sobre las personas porque las hace sentir cohibidas. Si alguien te acusa de exagerar desproporcionadamente las cosas, tú deberías dar un paso atrás para ver si verdaderamente estás exagerando.

Los abusadores también usan la minimización para que parezca que sus acciones no son tan dañinas como la víctima afirma. Un cónyuge físicamente abusivo podría decir que "no te golpeó tan fuerte" y uno emocionalmente abusivo podría sacarte de quicio y luego decir que "te estás comprotando como un bebé llorón". En ambos casos, la persona minimiza el daño que ha causado al argumentar que podría haber sido mucho peor. Ensus mentes, piensan que merecen crédito por contenerse.

Otro aspecto común de la minimización se llama "distorsión cognitiva". Esto es cuando una persona minimiza ciertas acciones o emociones al hacer que parezca que no son tan importantes, o al tratar de reducir la percepción del impacto de esas emociones y acciones.

Por ejemplo, una persona puede insultarlo o burlarse de usted, pero cuando usted lo confronte, tratará de decir que fue solo una broma y que debe tener sentido del humor. La distorsión cognitiva también ocurre a niveles institucionales. Por ejemplo, las instituciones que tienen problemas sistémicos siempre afirman que tienen "algunas manzanas podridas" en lugar de reconocer que existe un problema general que debe abordarse.

Debe tener mucho cuidado con las personas que usan la minimización en lamanipulación porque este comportamiento tiende a intensificarse.

Desvío y Evasión

La evasión y el desvío son utilizados por los manipuladores para mantener el foco alejado de su comportamiento manipulador. Estas tácticas también les ayudan a evitar exponerse por lo que son, y evitan que tengan que asumir la responsabilidad de lo que están haciendo.

La evasión implica divagar o hacer comentarios irrelevantes en una situación que exige respuestas concretas. Cuando a las personas manipuladoras se les hacen preguntas directas, comienzan a hablar sobre cosas vagamente relacionadas que ni siquiera son relevantes en la conversación.

Una persona que usa la evasión intentará evitar dar una respuesta directa a una pregunta que usted le haya hecho. Por otro lado, una persona que usa el desvío, cambiará el tema o dirigirá la conversación en otra dirección. El desvío implica evitar un tema al mencionar otro diferente, especialmente uno que pueda provocar indignación.

Por ejemplo, si está en una relación y le hace una pregunta a su pareja sobre por qué han llegado tarde a casa, los evasivos comenzarán a hablar en detalle sobre temas aleatorios como cosas que sucedieron en el trabajo, que no tienen nada que ver con lo que tú quieres saber. La persona que utiliza el desvío, por otro lado, planteará un problema no resuelto, e incluso puede que intente darle la vuelta. En lugar de decirle dónde estaba, volverá a encender una discusión que había puesto en espera, y unos minutos más tarde, se encontrará discutiendo sobre su madre, sin tener idea de cómo llegó hasta esa conversación.

Los políticos usan el desvío y la evasión todo el tiempo cuando no quieren abordar ciertas problemáticas, y prefieren que el público se enfurezca por otra cosa. Los políticos son muy dominantes cuando se trata de convertir cualquier tipo de cuestionamiento en una discusión sobre un tema de conversación que tienen. También hay otras profesiones donde la evasión y el desvío se consideran técnicas útiles. Los abogados y los gerentes de relaciones públicas lo usan para evitar que sus clientes sean examinados decerca en público.

La evasión y el desvío trabajan principalmente en víctimas que tienen problemas para ser asertivos. Cuando un manipulador descubre que la otra persona sigue insistiendo en obtener una respuesta directa a pesar de sus mejores esfuerzos para evitar proporcionarla, puede recurrir a otras técnicas.

La evasión y el desvío son signos claros de engaño. A menudo significan que la persona está ocultando algo, y que no quiere que se haga público, por lo que hace todo lo posible para evitar dar una respuesta real a su pregunta.

Intimidación encubierta y culpabilidad

La intimidación encubierta y la culpabilidad utilizan el mismo principio subyacente; se aprovechan de las emociones de una persona. La intimidación encubierta se aprovecha del miedo, mientras que el sentimiento de culpa se aprovecha de la compasión. Las personas que usan estas técnicas tienen lo que los psicólogos llaman personalidades encubiertas y agresivas. Son "lobos con piel de cordero". Presentan una caraal mundo, mientras que en el fondo son personas muy malvadas.

La intimidación encubierta implica amenazar a las víctimas de manera sutil. Puede ser utilizado por personas cercanas a usted si comprenden sus miedos o deseos. Su jefe podría usar la intimidación encubierta para lograr que haga sus tareas en el trabajo. Si él sabe que estás trabajando para una promoción, podría pedirte que le hagas ciertos favores, y eso implicaría que tu promoción depende de ese favor. Puede que no lo diga directamente, pero estará implicado.

Si tienes miedo de terminar solo, una pareja abusiva puede jugar con ese miedo para manipularte. Por ejemplo, si quieres romper con alguien que es emocionalmente egoísta, podría seguir insinuando que nunca conocerás a alguien más y que es tu única oportunidad de no estar solo.

Los manipuladores utilizan la culpa para hacer que las personas duden de sí mismas, estén ansiosas, veneren a los manipuladores o hagan ciertos favores a los manipuladores. La gente puede hacerte sentir culpable colocándose en el lugar de víctima, o haciéndote parecer egoísta. Cuando acusan al otro de ser egoísta, es probable que uno haga todo lo posible para demostrar que no lo es, y las personas manipuladoras pueden aprovechar esto.

Por ejemplo, si estás saliendo con alguien y esa persona quiere que le compres algo caro, o que le hagas un favor que te va a costar, tratarás de explicarle lo más claramente posible que no puedes hacerlo. Luego puede decir algo como "simplemente no te preocupas lo suficientemente por mí". Cuando la persona dice esto, incluso el argumento más racional que hagas no importará. Aquí hay una línea de fondo; que valoras mantener tu dinero más de lo que valoras su felicidad. La culpabilidad funcionan porque no se basan en razonamientos objetivos; se basan en las emociones (que son más primarias y tienen un rango más alto en la jerarquía de las funciones cerebrales).

Cuando te preocupas por alguien y sientes una obligación hacia ellos, tienen el poder de llevarte a un viaje de culpa. Eso significa que para que un manipulador te haga sentir culpable, se asegurará de que tengas alguna conexión emocional con él. Si estás en una nueva relación, debe tener cuidado para ver si a su pareja le gusta llevar a sus amigos y familiares a viajes de culpa, porque podría significar que serás sometido al mismo tratamiento una vez que estés emocionalmente involucrado.

Avergonzar

La vergüenza se refiere al sentimiento incómodo de angustia o humillación, que se produce cuando somos conscientes de cierto comportamiento que consideramos incorrecto o tonto. Lo que hay que entender sobre la vergüenza es que es una construcción social, y es muy subjetiva.

Te sentirías avergonzado si el viento te levantara la falda en un lugar público, pero hay tribus remotas de personas e incluso comunas en las sociedades occidentales donde las personas caminan desnudas. El punto es que la mayoría de las cosas vergonzosas son vergonzosas porque las percibimos como tales. Los manipuladores pueden usar la vergüenza en contra de la otra persona al convencerlo de que se avergüence de algo que no tiene por qué avergonzarle, o al revelar (o amenazar con revelar) sus secretos a las personas que lo veneran.

Tradicionalmente, la vergüenza se usa como un elemento disuasorio para hacer que las personas se adhieran a los contratos sociales o para enseñar a los niños la forma correcta de comportarse. Las personas maliciosas avergüenzan a las personas de muchas maneras diferentes, y generalmente para su propio beneficio. Ellos avergüenzan a las personas diciéndoles nombres ofensivos, expresando disgusto en respuesta a las ideas, emociones y comportamiento de los demás, usando sarcasmo, poniendo los ojos en blanco o exponiendo sus secretos.

Una persona maliciosa avergüenza a otros para derribarlos y elevarse a sí mismos. Pueden hacer esto porque quieren distraer a las personas de sus propias deficiencias. Un sádico puede avergonzarte porque disfruta cuando estás incómodo. Un narcisista puede avergonzarte solo para mostrarles a los demás que es más inteligente que tú. Un maquiavélico puede avergonzarte porque quiere modificar tu comportamiento a su favor.

La vergüenza es algo similar a la culpabilidad, pero la vergüenza tiende a desarrollarse en el área pública. La vergüenza funciona de manera más efectiva cuando hay personas involucradas cuya opinión valoras. Las personas maliciosas saben que hay ciertas cosas que no quieres que la gente sepa de ti, incluso si en principio te sientes cómodo con ellas. "Vergüenza por ser zorra" es un ejemplo. "El Porno vengativo" es un ejemplo aún más extremo. Cuando estás en una relación con una persona maliciosa, y tratas de salir de ella, pueden usar estas técnicas para que te quedes o para castigarte por dejarla.

Difamar a la víctima

Los manipuladores, especialmente los maquiavélicos, tienden a ser inteligentes y tortuosos, por lo que pueden encontrar fácilmente formas de difamar a sus víctimas. Hay dos formas en que esto puede suceder; pueden convencer a otras personas de que la víctima es el verdadero agresor, o pueden convencer a la víctima de que él/ella fue quien hizo algo mal.
Difamar a la víctima implica el uso de varias tácticas, incluida laracionalización y el gaslighting.

Las personas que difaman a las víctimas intentan justificar sus acciones haciendo que parezca que las víctimas son los "malos". Por ejemplo, alguien que engaña a su cónyuge puede explicar su comportamiento al decirle a la gente que su cónyuge es una "perra", o que ella es "frígida" y "controladora". El manipulador está tratando de racionalizar sus acciones creando la impresión de que, sea lo que sea que haya hecho, la persona a la que se lo hizo, lo provocó, y ella probablemente merecía algo peor.

Puede saber si una persona que ha comenzado a salir tiene una tendencia a culpar a la víctima al evaluar la forma en que él/ella habla sobre sus relaciones pasadas. Si culpa a su ex de todo lo que salió mal y no se responsabiliza por su papel en lo sucedido, puede estar seguro de que abordará su relación de la misma manera.

Las personas manipuladoras saben perfectamente que son responsables de las cosas que salen mal, pero para ellos, difamar a la víctima es solo otra forma de ser engañoso y controlar la forma en que las personas lo perciben. Si te están difamando, quieren que asumas la responsabilidad de sus acciones para que puedan dominarte.

Los narcisistas tienden a creer que son superiores a otras personas, y cuando difaman a la víctima, pueden creer realmente que está dentro de su derecho aprovecharse de ti como puedan; no es que no sepan que se están aprovechando de ti, solo piensan que estás subordinado a ellos y que eso es solo el orden natural de las cosas.

Desempeñar el papel de víctima y el de siervo.

Cuando los manipuladores desempeñan el papel de víctima, en el sentido real, nunca se ven a sí mismos como víctimas. Es solo un juego para ellos, y el objetivo es evitar la responsabilidad mientras se obtienen los beneficios que conlleva la simpatía. Quieren ser percibidos como personas débiles que sufren, sufren heridas emocionales o incluso lesiones físicas con el fin de obtener simpatía o manejar las impresiones ajenas.

Los manipuladores intentan convencer a sus víctimas de que son ellos quienes sufren de una forma u otra. Si la víctima está comprometida con el bienestar del manipulador, él/ella puede decidir ofrecer ayuda, a un alto costo personal.

Debe ser extremadamente cauteloso si se da cuenta de que está tratando con una persona a la que le gusta interpretar el papel de víctima porque nunca sabe hasta dónde puede llegar. Si alguien interpreta a la víctima en alguna dinámica, alguien más tiene que ser lanzado como un victimario, y si el manipulador es bueno en eso, él/ella podría llegar a una narrativa muy bien construida que podría arruinar su reputación de manera irreversible o incluso ponerlo a usted en peligro legal.

Si alguien con quien estás saliendo se posiciona en el papel de víctima cuando los dos están juntos, debería tratar el problema buscando asesoramiento. Sin embargo, si notas que él/ella está vendiendo esa narrativa a otras personas, debes tratar de salir de esa relación lo más rápido posible antes de que la mentira se intensifique y todos se vuelvan en tu contra.

Desempeñar el rol de siervo se refiere a un rasgo manipulador en el que una persona finge estar haciendo algo por una causa noble o servir a otra persona cuando en realidad está ocultando una razón egoísta. Esto es común en maquiavélicos y psicópatas, pero no tanto en narcisistas.

Un maquiavélico puede fingir estar de tu lado, y puede ofrecerte hacer las cosas a tu voluntad. Incluso puede darte muchas razones para confiar en él, y puedes dejarlo entrar y darle acceso a tus recursos. Tarde o temprano, revelará sus verdaderas intenciones; a menudo, puede ser que tenga un deseo de poder o control, y para él, usted es un estorbo en el camino. Los maquiavélicos son buenos para ocultar sus ambiciones, pero cuando surja laoportunidad, atacarán y ejercerán su dominio sobre ti.

Hay manipuladores que toman posiciones de liderazgo al desempeñar el papel de siervos. Luego usan esas posiciones de liderazgo para enriquecimiento personal o para sus propios beneficios. Es posible que haya oído hablar de personas que comienzan organizaciones benéficas y se aprovechan de personas conscientes y bien intencionadas para recolectar donaciones, que proceden a malversación.

Seducción

La seducción es una parte integral del romance y el cortejo, pero también puede ser una táctica de manipulación muy efectiva si una persona tiene intenciones maliciosas. Todos queremos ser apreciados y valorados, por lo que cuando alguien dice cosas halagadoras sobre nosotros, es probable que les creamos. La seducción es una de las primeras técnicas de manipulación que la mayoría de los manipuladores implementarán cuando te ven por primera vez. Como ya hemos mencionado varias veces, las técnicas de manipulación tienden a ser más efectivas cuando el manipulador y la víctima tienen algún tipo de conexión emocional; la seducción es el primer paso para establecer esa conexión.

La seducción y la adulación son formas insidiosas de gestionar las impresiones cuando los manipuladores quieren ocultar sus verdaderas intenciones. Cuando alguien te presta atención, te sientes especial y halagado, y bajas la guardia, permitiéndole entrar y aprovecharte de ti. Todos tenemos algún nivel de narcisismo dentro de nosotros, así que cuando alguien nos adula, rara vez nos detenemos a pensar que tal vez tengan un motivo oculto y que la adulación no tiene nada que ver con nosotros.

Incluso cuando las personas son conscientes de que están siendo aduladas por demás, a menudo dejan que suceda, y no lo detienen. Comienzan asumiendo que son inmunes a los encantos del manipulador, y se dicen a sí mismos que están complaciendo a la persona solo por diversión, pero antes de darse cuenta, terminan cayendo en la trampa y se involucran emocionalmente con el manipulador.

Los manipuladores no se detienen cuando seducen a sus víctimas. Se presentan muy bien y utilizan cada truco de manual para ganarse a sus víctimas. Dependiendo del rasgo oscuro dominante del manipulador, después de obtener lo que quieren, pueden revelar su verdadera naturaleza o pueden continuar haciendo esfuerzos para ocultarlo. Para cuando la víctima sepa lo que está sucediendo, probablemente sea demasiado tarde.

Proyectar la culpa

Jugar al juego de la culpa es una de las características más definitorias de los manipuladores. Les gusta culpar a los demás porque les impide a los demás que lo culpen a sí mismo y, como resultado, pueden evitar asumir la responsabilidad de sus acciones. Proyectar la culpa en una persona lo obligaa ponerse a la defensiva, y esto sirve como una distracción.

Dichas personas siempre afirman que fue otra persona o una circunstancia que les hizo hacer algo mal. Los psicólogos llaman a esta táctica "proyección". En las personas comunes, la proyección es un comportamiento mental automático que está bien documentado en investigaciones relacionadas con la psicología psicodinámica. Las personas pueden proyectar inconscientemente sus intenciones, motivaciones o acciones sobre los demás si se sienten culpables o nerviosos bajo las circunstancias imperantes. Sin embargo, después de esa reacción subconsciente inicial, la mayoría de las personas harán lo lógico y admitiránque la proyección es errónea.

Las personas con rasgos oscuros de personalidad, por otro lado, mantendrán con la proyección incluso si saben que ellos son realmente los responsables de un resultado negativo. Los sádicos no solo proyectarán sus errores sobre usted, sino que también harán todo lo posible para que se sienta mal por ello.

Los narcisistas, los maquiavélicos y los psicópatas son especialmente buenos para proyectar la culpa sobre los demás porque no sienten culpa y vergüenza como la mayoría de las personas. Cuando una persona ordinaria proyecta la culpa sobre otra persona, tendrá que lidiar con un alto nivel de disonancia cognitiva, lo que significa que se rompería por dentro. Los manipuladores, por otro lado, racionalizarán sus proyecciones; por ejemplo, los maquiavélicos lo verán como un medio para un fin.

Los manipuladores con más tacto pueden transferir la culpa de una manera más sutil, en lugar de simplemente proyectarla en una entidad. Por ejemplo, cuando hacen algo mal, y usted los denuncia, le llamarán la atención sobre una lista completa de "circunstancias contribuyentes" con la intención de ocultar o minimizar su papel en la creación del problema en discusión.

Blandir el enojo

Las personas maliciosas usan la ira para manipular a las personas todo el tiempo. Cuando alguien se enfurece contra ti, puede gritar o usar gestos amenazantes, escupir palabras duras o reaccionar de manera totalmente impredecible. Las emociones de las personas tienen un efecto sobre cómo actuamos y reaccionamos en situaciones específicas, por lo que las personas manipuladoras pueden desplegar estratégicamente la ira para controlar la forma en que reaccionas. Puede ser que quieran que les tengas miedo para que te abstengas de hacer preguntas indiscretas. Nadie quiere que se le grite, por lo que si alguien está enojado contigo, te incentiva a abandonar el problema que estás planteando.

Las personas manipuladoras también muestran enojo para transmitir una indignación moral falsa con el fin de mostrarse inocentes frente a las acusaciones condenatorias. Por ejemplo, si sospechas que tu pareja te está engañando y lo confrontas al respecto, si es manipulador, puede reaccionar muy enojado para mostrarte que está indignado de que incluso le preguntespor algo así.

Blandir la ira también hace que las personas manipuladoras se sientan superiores a las personas que las rodean. Un jefe que les grita a sus subordinados puede estar haciéndolo para demostrar que tiene el control, que sabe más que todos los demás y que quiere que la gente haga las cosas por miedo. Las parejas abusivas hacen lo mismo cuando quieren poner a suscónyuges o novias bajo su mira.

Capítulo 5: ¿Qué es la manipulación emocional encubierta?

La manipulación emocional encubierta es utilizada por personas que desean obtener poder o control sobre usted mediante el uso de tácticas engañosas y poco claras. Dichas personas quieren cambiar tu forma de pensar y comportamiento sin que te des cuenta de lo que están haciendo. En otras palabras, usan técnicas que pueden alterar tus percepciones de tal manera que creas que lo estás haciendo por tu propia voluntad. La manipulación emocional encubierta es "encubierta" porque funciona sin que usted sea consciente de ese hecho. Las personas que son buenas para implementar tales técnicas pueden hacer que usted cometa licitación sin su conocimiento; pueden mantenerte "psicológicamente cautivo".

Cuando los manipuladores expertos posan su mirada en usted, pueden lograr que usted les otorgue poder sobre su propio bienestar emocional e incluso su autoestima. Te pondrán bajo su hechizo sin que te des cuenta. Ganarán su confianza y usted comenzará a dar valor a lo que piensan de usted. Una vez que los haya dejado entrar en su vida, comenzarán a destruir su identidad de una manera metódica, y con el paso del tiempo perderá su autoestima y se convertirá en lo que ellos quieran que sea.

La manipulación emocional encubierta es en realidad más común de lo que piensas. Como es sutil, las personas rara vez se dan cuenta de que les está sucediendo y, en algunos casos, es posible que nunca se den cuenta. Solo los observadores externos interesados pueden saber cuándo está ocurriendoesta forma de manipulación.

Es posible que conozcas a alguien que solía ser divertido y jovial, luego se metió en una relación con otra persona y, a los pocos años, parece tener unapersonalidad completamente diferente. Si es un viejo amigo, es posible que ni siquiera reconozcas la persona en la que se ha convertido. Así de poderosa puede ser la manipulación emocional encubierta. Puede cambiar por completo la personalidad de alguien sin que se dé cuenta. El manipulador lo asaltará poco a poco, y aceptará pequeños cambios que pasan desapercibidos, hasta que el viejo sea reemplazado por una versión diferente, construida para estar subordinada al manipulador.

La manipulación emocional encubierta funciona como un golpe lento. Requiere que hagas pequeñas concesiones progresivas a la persona que está tratando de manipularte. En otras palabras, dejas ir pequeños aspectos de tu identidad para acomodarte a la persona manipuladora, por lo que nunca registra en tu mente que hay algo más grande en juego.

Cuando la persona manipuladora lo empuja a cambiar pequeñas costumbres y modos, cumplirá porque no quiere "preocuparse por cosas pequeñas". Sin embargo, hay un efecto dominó que ocurre cuando comienzas a aceptar a la persona manipuladora. Se sentirá más cómodo haciendo concesiones posteriores, y su personalidad será borrada y reemplazada en una progresiónacumulativa.

La manipulación emocional encubierta ocurre hasta cierto punto en todas las dinámicas sociales. Veamos cómo se desarrolla en las relaciones románticas, en las amistades y en el trabajo.

Manipulación Emocional en relaciones

Hay mucha manipulación emocional que tiene lugar en las relaciones románticas, y no siempre es con intenciones maliciosas. Por ejemplo, las mujeres intentan modificar el comportamiento de los hombres para hacerlos más "prolijos"; eso es normal. Sin embargo, hay ciertos casos de manipulación donde la intención de la persona es claramente maliciosa y está motivada por la necesidad de controlar o dominar a la otra persona.

El refuerzo positivo es quizás la técnica de manipulación encubierta más utilizada en las relaciones románticas. Su pareja puede lograr que haga lo que quiere al elogiarlo, halagarlo, prestarle atención, ofrecerle regalos y actuar de manera afectuosa.

Incluso las cosas aparentemente buenas en las relaciones pueden convertirse en herramientas y accesorios de manipulación encubierta. Por ejemplo, tu novia podría usar el sexo intenso como arma para reforzar un cierto tipo de comportamiento en ti. Del mismo modo, los hombres pueden usar el encanto, el aprecio o los regalos para reforzar ciertos comportamientos en las mujeres con las que están saliendo.

Algunos manipuladores sofisticados usan lo que los psicólogos llaman "refuerzo positivo intermitente" para obtener el control sobre sus parejas. La forma en que funciona es que el perpetrador bañará a la víctima con un refuerzo positivo intenso durante un cierto período de tiempo, luego cambiará a darle niveles normales de atención y apreciación. Después de un

84

intervalo de tiempo aleatorio, volverá nuevamente al intenso refuerzo positivo. Cuando la víctima se acostumbra al tratamiento especial, se le quita, y cuando se acostumbra al tratamiento normal, se devuelve el tratamiento especial, y todo parece arbitrario. Ahora, la víctima llegará a un lugar donde se volverá "adicta" al tratamiento especial, pero no tiene idea de cómo obtenerla, por lo que comienza a hacer lo que quiera el perpetrador con la esperanza de que una de las cosas que hace traerá de vuelta el intenso refuerzo positivo. En otras palabras, se vuelve efectivamente subordinada alperpetrador.

Las técnicas de refuerzo negativo también se utilizan en las relaciones para manipular a otros de forma encubierta. Por ejemplo, las parejas pueden retener el sexo como una forma de obligar a la otra persona a modificar su comportamiento de una manera específica. Las personas también usan técnicas como el tratamiento silencioso y la retención de amor y afecto.

Algunas personas maliciosas pueden crear una falsa sensación de intimidad al pretender abrirse a usted. Podrían compartir historias personales y hablar sobre sus esperanzas y miedos. Cuando hacen esto, crean la impresión de que confían en ti, pero su intención puede ser que sientas una obligación hacia ellos.

Los manipuladores también usan insinuaciones bien calculadas para que reaccione de cierta manera en este momento, con el objetivo de modificar su comportamiento a largo plazo. Tales insinuaciones pueden hacerse a través de palabras o incluso acciones. En términos coloquiales, llamamos a esto "darles una pista". Las personas en las relaciones siempre están tratando de descubrir lo que la otra persona quiere de esa relación, por lo que una persona manipuladora puede dejar pistas para que hagas lo que quieren sin tener que asumir la responsabilidad de las acciones que tomas porque siempre pueden argumentar que malinterpretaste lo que significaban.

Dar pistas no siempre es malicioso (por ejemplo, si tu novia quiere que te lo propongas, puede dejar revistas de novia sobre la mesa). Sin embargo, las insinuaciones maliciosas pueden ser muy dolorosas y pueden afectar su autoestima. Su pareja puede insinuar que está aumentando de peso, que no está ganando suficiente dinero o incluso que sugiere que sus habilidades culinarias no son buenas. Las personas usan insinuaciones para salirse con la suya diciendo "sin decir" cualquier cantidad de cosas hirientes que podrían afectar su autoestima.

Manipulación Emocional en amistades

La manipulación emocional encubierta es bastante común en las amistades y las relaciones casuales. Las amistades tienden a progresar más lentamente que las relaciones románticas, pero eso solo significa que puede tomarte mucho más tiempo descubrir si tus amigos son manipuladores. La manipulación en las amistades puede ser confusa porque incluso los amigos bien intencionados pueden parecer maliciosos. Esto se debe a que existe una cierta rivalidad social, incluso entre los amigos más cercanos, que explican el concepto de "amigos-enemigos".

Los amigos manipuladores tienden a ser pasivos-agresivos. Aquí es donde lo manipulan para que haga lo que quiere al involucrar a amigos mutuos en lugar de acudir a usted directamente. La agresión pasiva funciona como una técnica de manipulación porque le niega la posibilidad de abordar directamente cualquier problema que esté planteando su amigo y, por lotanto, de alguna manera, pierde por defecto.

Por ejemplo, si un amigo quiere que le hagas un favor, en lugar de salir y preguntarte, irá a un amigo en común y sugerirá que te pregunte en su nombre. Ahora, cuando el amigo en común se acerca a usted, le resulta muy difícil rechazar la solicitud porque hay una mayor presión social. Cuando dices no, todo tu círculo social ahora te percibe como egoísta.

La agresión pasiva también puede implicar el uso de un tratamiento silencioso para cumplir con un pedido. Imagine una situación en la que uno de sus amigos habla con todos los demás excepto con usted. Va a ser increíblemente incómodo para usted, y todos comenzarán a entrometerse, preguntándose cuál es el problema entre ustedes dos y tomando partido en el asunto.

Los amigos también pueden manipularte secretamente usando insultos sutiles. Pueden decirte cumplidos que tienen significados ocultos. Cuando te tomes el tiempo para pensar realmente en lo que querían decir con el cumplido, te darás cuenta de que es un insulto disfrazado y eso dañará tu autoestima y posiblemente modificará tu comportamiento.

Algunos amigos pueden manipularte a través de un "viaje de poder" y tratando de controlar tus interacciones sociales. Por ejemplo, están esos amigos que van a insistir en que cada vez que pases el rato, sea en su departamento o en un lugar social de su elección. Dichos amigos a menudo tienen la intención de dominar su amistad, por lo que siempre desean tener la "ventaja del propio territorio" sobre usted. Intentarán sacarte de tu zona de confort, solo para que puedas revelar tus debilidades y luego puedasdepender más emocionalmente de ellos.

Los amigos manipuladores tienden a capitalizar excesivamente su amistad y en un grado desproporcionado. Le pedirán muchos favores sin tener en cuenta su tiempo o su esfuerzo. Son el tipo de amigos que aprovecharán tu amistad cada vez que necesiten algo, pero luego se excusarán cuando sea suturno de devolver algo.

Manipulación emocional en el trabajo

Hay muchas razones por las que su colega puede querer manipularlo. Podría ser que estás en el mismo camino profesional, por lo que quiere hacerte quedar mal. Podría ser que él es flojo y quiere que tu cumplas con sus responsabilidades. También podría ser que él es un sádico y solo quiereverte sufrir.

Las personas unidireccionales en el trabajo ejercen su dominio sobre los demás estresándolos y luego, casi de inmediato, aliviando el estrés.

Digamos, por ejemplo, que comete un error menor en cuanto a un informe y su jefe lo llama a su oficina. Hace un gran alboroto y amenaza con despedirte, pero luego, hacia el final, cambia de idea y te asegura que tu trabajo es seguro siempre que hagas lo que él quiere. Ese tipo de manipulación funciona en las personas porque les da miedo y les da un sentido de obligación al mismo tiempo.

Algunos colegas pueden manipularte haciendo pequeños favores y luego recordándote esos favores cada vez que quieren algo de tu parte. Por ejemplo, si usted cometió un error en el trabajo y un colega lo cubrió, él puede pasarlo por alto durante meses o incluso años, y lo hará sentirse endeuda con él.

Los colegas también pueden manipularte dejándote fuera del circuito cuando transmiten información importante. La intención aquí es hacer que te equivoques para que puedan tener una mejor posición con el jefe o con otros colegas. Cuando descubres que alguien te está dejando fuera del circuito en el trabajo y te enfrentas a esa persona, podrían fingir inocencia y fingir que fue un error genuino de su parte, o podrían encontrar una manera de darle la vuelta y culparte.

Las personas con rasgos de personalidad oscuros tienden a ser hipercompetitivas en el trabajo, y no dudarán en utilizar medios poco hábiles para atraparlo. La mayoría de los colegas resultan ser buenos amigos, pero debes tener cuidado con los colegas que están demasiado ansiosos por hacerte amigo. Puede ser que quieran aprender más sobre usted para poder descubrir sus fortalezas y debilidades, y encontrar formas de usarlas en su contra. Los narcisistas, los maquiavélicos y los psicópatas son muy buenos para confabular en el trabajo, así que no dejes que te atrapen con la guardia baja.

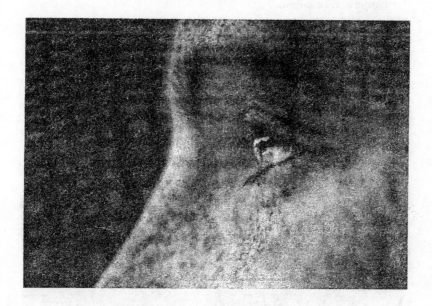

Capítulo 6: ¿Qué están tratando de hacerlos manipuladores?

Puedes preguntarte; ¿Qué están tratando de hacer los manipuladores? ¿Por qué se esfuerzan tanto en manipular a otros, en lugar de centrarse en mejorar ellos mismos?

El hecho es que los manipuladores tienen una profunda necesidad psicológica de controlar a los demás, por lo que buscan "debilitar" a sus víctimas para ganar dominio sobre ellas. Cuando manipulan a otros, intentan cancelar su fuerza de voluntad, destruir su autoestima, buscar venganza pasivo-agresiva contra ellos o confundir su realidad para que se vuelvan más maleables. Veamos cómo y por qué los manipuladores hacenesas cuatro cosas.

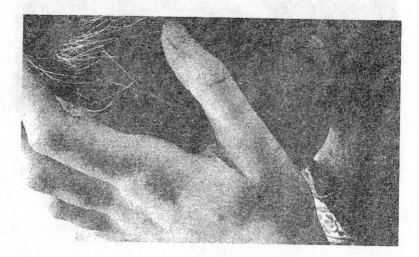

Cancelación de la fuerza de voluntad.

Gracias a nuestra fuerza de voluntad, podemos mantener el control sobre nuestras vidas y resistir los intentos de las personas de dominarnos y obligarnos a cumplir sus órdenes. Es por eso que una de las principales intenciones de las personas manipuladoras es destruir nuestra fuerza de voluntad.

Entonces, ¿cómo puede alguien quitarte tu fuerza de voluntad? Bueno, primero, debes entender que la fuerza de voluntad no es ilimitada. Podemos perder nuestra fuerza de voluntad a través de un proceso al que los psicólogos se refieren como "pérdida del ego". Para entender esto, debe pensar en la fuerza de voluntad como un recurso que puede ser renovable, pero solo puede renovarse a un ritmo lento. Entonces, si gastamos ese recurso en una cosa, tenemos menos para gastar en otra cosa que lo demanda. Entonces, el agotamiento del ego es el resultado que ocurre cuando gastamos toda la fuerza de voluntad que tenemos, y nos quedamos sin la fuerza de voluntad adecuada frente a los desafíos posteriores.

Las personas manipuladoras saben que la fuerza de voluntad no proviene de un pozo sin fondo, por lo que tienden a sobrecargarnos con escenarios en los que nos vemos obligados a usar nuestra fuerza de voluntad hasta que esa fuerza de voluntad se agote. Por ejemplo, una persona maliciosa puede seguir tratando de agitarte, mientras tú intentas mantener la calma y mantener la calma. Sin embargo, si sigue haciéndolo durante un período prolongado de tiempo, es probable que llegue a un punto en el que se quiebre y reaccione con ira.

Los psicólogos creen que la fuerza de voluntad es como un músculo; se vuelve más fuerte cuando lo ejercitas, pero durante el momento del esfuerzo, puede fallar si se supera un cierto punto. Las personas maliciosas pueden cancelar tu fuerza de voluntad al obligarte a esforzarte demasiado.

La fuerza de voluntad es lo que nos permite tomar las decisiones correctas ante la tentación o la presión. Es lo que nos hace pasar tiempo estudiando para un examen en lugar de mirar videos en línea. Sin fuerza de voluntad, nos volvemos altamente sugestionables, y la gente puede lograr que hagamos lo que ellos quieran con poca resistencia.

El agotamiento del ego a veces también se conoce como "fatiga de decisión". La idea detrás de este concepto es que cuantas más decisiones tomemos, más fatigados nos volveremos y, como resultado, no podremos tomar buenas decisiones. Cuando las personas manipuladoras nos ponen en situaciones en las que tenemos que seguir tomando decisiones, eventualmente pueden agotarnos.

Hay varios otros factores que se sabe que destruyen la fuerza de voluntad. El primero es la escasez. Cuando algo escasea, estamos tentados a actuar de una manera más impulsiva para adquirirlo, abandonando nuestros principios en el proceso. Por ejemplo, cuando uno tiene hambre, puede verse obligado a abandonar el principio de "no robará" solo para alimentarse.

Las personas que son expertas en la manipulación emocional pueden reducir su fuerza de voluntad al introducir el elemento de escasez. Por ejemplo, cuando una persona te da el tratamiento silencioso, esencialmente está reteniendo la interacción humana y el afecto, lo que lo convierte en una escasez para ti. Esto aumenta la probabilidad de que abandones tu puesto y cumplas con su solicitud.

Otra forma de cancelar la fuerza de voluntad de alguien es amenazando su bienestar o su sustento. Las personas maliciosas pueden comprometer su fuerza de voluntad al hacer cosas que ponen en peligro su trabajo, sus relaciones o su felicidad. Cuando un colega hace algo que pone en peligro la seguridad de su trabajo, o si su pareja hace algo que hace que su vida sea un infierno, se desesperará un poco y, en ese momento, es más probable que su fuerza de voluntad se vea comprometida y lo lleve a rendirse o hacer algo que sea perjudicial para usted.

El estrés es otro factor que puede causar el agotamiento de la fuerza de voluntad. Cuando estamos constantemente estresados, nuestras mentes se llenan de preocupaciones que nublan nuestro juicio, y terminamos tomando malas decisiones. Las personas maliciosas trabajarán abierta y encubiertamente para introducir factores de estrés en nuestras vidas con la esperanza de que el estrés resultante absorba toda nuestra energía y seamosmás susceptibles a su manipulación.

Cuando los manipuladores logran cancelar nuestra fuerza de voluntad, obtienen el poder de controlarnos y decirnos qué hacer. Comenzaremos a diferir nuestro juicio hacia ellos y perderemos nuestras identidades.

Deestrucción del autoestima

Además de agotar su fuerza de voluntad, las personas maliciosas también quieren destruir su autoestima. Desafortunadamente, hay docenas de formas diferentes en que pueden hacer esto. Por más de que intentamos extraer nuestra autoestima desde adentro, el hecho es que, como seres sociales, le otorgamos mucha importancia a lo que otras personas dicen de nosotros, y es de allí donde las personas manipuladoras obtienen su fuerza.

Los manipuladores pueden reducir su autoestima usando frases cuidadosamente redactadas que tienen como objetivo atacarlo y menospreciarlo. Sus palabras generalmente se calculan cuidadosamente para enojarte o confundirte, de modo que pases mucho tiempo pensando en lo que significan. Ya hemos analizado los tipos de técnicas de manipulación que pueden hacer que comiences a cuestionarte o a pensar que tus propias emociones no son válidas.

Los manipuladores también reducen tu autoestima al culparte constantemente de todo tipo de problemas. Cuando alguien sigue diciéndote que ciertas cosas son tu culpa, comenzará a crecer una semilla de duda en tu interior y, a medida que se refuerce esta idea, llegarás a un punto en el que comenzarás a internalizar las críticas de la persona, y esto arruinará tu autoestima.

A veces, las personas manipuladoras pueden echarte la culpa sin siquiera decir una palabra. Cuando sucede algo malo, te darán una mirada que dice todo lo que necesitas saber sobre cómo se sienten, e incluso en ausencia deuna acusación, comenzarás a cuestionarte.

Otra forma en que las personas manipuladoras destruyen tu autoestima es inundándote con información negativa. Todos sabemos que la autoestima puede verse afectada por la compañía que mantenemos. Si nos rodeamos de personas negativas que siguen diciendo cosas malas, comenzamos a internalizar esas cosas. Las personas manipuladoras, especialmente los maquiavélicos, pueden engañarnos al proporcionarnos información negativa.

Por ejemplo, un colega en el trabajo podría seguir echando agua fría en todas tus ideas hasta que llegue a un punto en el que empieces a creer que no puedes hacer las cosas. En las relaciones, los manipuladores pueden destruir tu autoestima al descuidarte emocionalmente, hasta que comiencesa pensar que no mereces amor y afecto.

Las personas manipuladoras también pueden destruir tu autoestima alimentando tus miedos. Una vez que descubran que tienes ciertos miedos, comenzarán a alimentar esos miedos para poder usarlos en tu contra.
Cuanto más miedo tenemos, más disminuye nuestra autoestima.

A las personas manipuladoras les gusta cuando sus víctimas tienen baja autoestima por muchas razones. Probablemente haya escuchado el dicho de que si no defiende alguna creencia, terminará creyendo en cualquier cosa.
Eso es con lo que los manipuladores cuentan aquí. Saben que si no tienes una visión sólida de ti mismo, pueden obtener el poder de controlar cómo te ves a ti mismo. Si comienzas a dudar de quién eres, se harán cargo y crearán una versión tuya que puedan impulsar.

Los manipuladores también saben que cuando tenemos baja autoestima, nos volvemos muy agradables porque queremos complacer a otras personas para obtener una atención positiva y ganar la aprobación de los demás.
Quieren que sus víctimas se conviertan en personas complacientes, y

quieren colocarse en el centro de la vida de las víctimas para que sean ellosquienes se beneficien de ello.

En el trabajo, los manipuladores pueden querer destruir tu autoestima para hacerte sentir como si no estuvieras a la altura del trabajo para que puedan pasarte por arriba y llegar a la cima. Si no pueden convencerte por completo de que eres un perdedor, se conformarán con hacerte tener tanto miedo al fracaso que ni siquiera podrás reunir la fuerza para intentar competir con ellos.

Los manipuladores también pueden querer destruir tu autoestima para que no puedas mantener límites personales, y puedan entrar y aprovecharse de usted. Como hemos mencionado, cuando se destruye el autoestima, la persona no puede defender lo que cree, por lo que no puede hacer cumplir sus principios. Puede sentir que ni siquiera tiene el derecho básico de afirmar sus preferencias, por lo que los manipuladores tendrán la libertad decaminar sobre usted.

Venganza pasivo-agresiva

Algunos manipuladores te perseguirán porque buscan venganza pasivo-agresiva contra ti. Si alguna vez has despreciado a una persona narcisista, un sádico o un psicópata de alguna manera, probablemente te guarden algún tipo de rencor y pueden manipularte porque quieren vengarse.

Ahora, las personas normales guardan rencor o se persiguen por razones claras que ambas partes conocen. Sin embargo, las personas con rasgos de personalidad oscuros pueden atacarte por casi cualquier motivo, siempre que tenga sentido para ellos. No hay un umbral lógico que tengas que cumplir para que te pongan en la mira. Podrían guardar rencor durante años debido a una declaración que has hecho de pasada. Podrían convertirte en su objetivo porque tu jefe te felicitó en lugar de a ellos. Incluso podrían atacarte debido a problemas psicológicos profundos que incluso ellos no pueden comprender.

Por ejemplo, un psicópata puede tratar de victimizarte y destruir tu vida porque te pareces a la chica que lo rechazó cuando era un adolescente. El punto es que no tienes que hacer nada específico para que una persona maliciosa decida buscar venganza pasivo-agresiva contra ti. Es posible que solo tengas la desgracia de recordarles a un padre malo que tuvieron cuando crecieron, o en el caso de los maquiavélicos, podría ser que estás en su camino y tienen que destruirte para seguir adelante. También podría ser que piensan que eres débil y, por lo tanto, eres un blanco fácil para ellos.

Cuando alguien busca venganza pasivo-agresiva contra ti, querrá humillarte para que pueda sentirse superior. Piensan que tienes algo bueno, por lo que quieren reducirlo de a poco haciéndote sentir inseguro. Si los superas a nivel laboral, querrán que tu rendimiento disminuya porque los hará sentir mejor. Estas personas te tratarán con mucha hostilidad verbal disfrazada.

Propagarán chismes negativos sobre ti cuando estés lejos. Ellos harán todo lo posible para encontrar fallas en las cosas que haces, y serán habitualmente críticos de tu persona. Harán todo lo posible para invalidar tus pensamientos, sentimientos y contribuciones porque simplemente no quieren que seas feliz.

Algunas personas buscarán venganza pasivo-agresiva contra ti porque son miserables y la miseria ama la compañía. La mayoría de las personas con rasgos oscuros de personalidad simplemente no pueden soportar verte feliz cuando son miserables. Los narcisistas creen que el mundo gira en torno a ellos, por lo que si son miserables, esperarán que todos los demás sean miserables, e intentarán castigar a cualquiera que no sea miserable a través de la manipulación psicológica. Los sádicos tratarán de hacerte sentir miserable como una forma de sentir felicidad. Los maquiavélicos, por otro lado, planearán robar tu felicidad.

Las personas que buscan venganza pasivo-agresiva a menudo usan humor hostil disfrazado para derribar a otros. Usan el sarcasmo para velar su hostilidad hacia los demás. Dirán cosas hirientes y luego afirmarán que "están bromeando". Atacarán a otros en función de su apariencia, sus antecedentes socioculturales, su género y orientación sexual, sus niveles de educación y cualquier otra cosa que se les ocurra. En otras palabras, estos manipuladores tienen problemas profundamente arraigados que resultan en trastornos psicológicos, y harán todo lo posible por dañar a otros para satisfacer sus necesidades psicológicas.

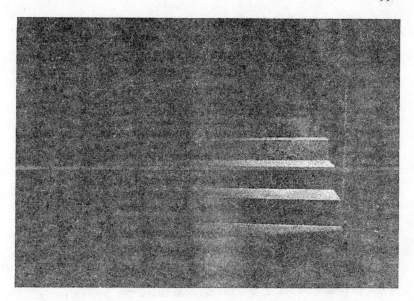

Realidad Confusa

Los manipuladores también quieren confundir tu realidad para poder controlarte. La alteración de la percepción de la realidad de una persona es la mejor manera de controlarla y dominarla. Esto se debe a que cuando puedes convencer a una persona de que lo que ve y oye no es real, entonces obtienes el poder de decirle qué debe pensar, qué debes sentir y qué debes valorar.

Controlar la realidad de otras personas es el último sueño para cualquier manipulador. Quieren que sustituyas tu juicio por el de ellos, y las posibilidades de que eso ocurra aumenta exponencialmente cuando cuestionas tu propia realidad. Es por eso que las técnicas de manipulación de control mental, como el lavado de cerebro y el gaslighting, son las máspeligrosas.

Hay muchas razones por las cuales un manipulador querría confundir la realidad de su víctima. Una pareja abusiva querría que dejaras de buscar ayuda, por lo que querrían que creas que te estás volviendo loco y que el abuso no está sucediendo realmente, o que nadie te ofrecerá el amor y la protección que esperas , así que deberías dejar de buscarlo.

Cuando el psicópata hace gaslighting a otros, tiende a hacerlo intencionalmente. Están tratando deliberadamente de dañar la salud mental de sus víctimas porque saben que cuando estás mentalmente débil, pueden controlarte. No tienen conciencia, por lo que no les importa si hacen daño irreversible.

Los narcisistas, por otro lado, tienden a realizar gaslighting a los demás o confunden su realidad involuntariamente. Eso es porque los narcisistas son delirantes; tienen delirios de grandeza y piensan que tienen derecho a dominarte. Confundirán tu realidad porque quieren imponer sus propias percepciones sobre ti para que sus delirios de grandeza puedan convertirseen tu realidad.

Los matones y los sádicos querrán confundir tu realidad porque quieren que sea sombría. Su intención es hacer que tengas una perspectiva pesimista, como ellos.

Capítulo 7: Rasgos de comportamiento de las víctimas favoritas de los manipuladores

Hay ciertas características y rasgos de comportamiento que hacen que las personas sean más vulnerables a la manipulación, y las personas con rasgos de psicología oscura lo saben muy bien. Tienden a buscar víctimas que tienen esos rasgos de comportamiento específicos porque son objetivos esencialmente fáciles. Analicemos 6 de los rasgos de las víctimas favoritas de los manipuladores.

Inseguridad y fragilidad emocional

A los manipuladores les gusta seleccionar víctimas que son emocionalmente inseguras o emocionalmente frágiles. Desafortunadamente para estas víctimas, tales rasgos son muy fáciles de identificar incluso en extraños, por lo que es fácil para los manipuladores experimentados encontrarlos.

Las personas con inseguridad emocional tienden a estar muy a la defensiva cuando son atacadas o cuando están bajo presión, y eso las hace fáciles de detectar en situaciones sociales. Incluso después de unas pocas interacciones, un manipulador puede medir con cierto grado de precisión la inseguridad de una persona. Intentarán provocar sus objetivos potenciales de una manera sutil y luego esperarán a ver cómo reaccionan los objetivos.

Si están demasiado a la defensiva, los manipuladores lo tomarán como unaseñal de inseguridad e intensificarán sus ataques de manipulación.

Los manipuladores también pueden decir si un objetivo es emocionalmente inseguro si él/ella redirige las acusaciones o comentarios negativos.

Encontrarán una manera de dejarte expuesto, y si intentas devolvérselo, o poner excusas en lugar de enfrentar la situación, el manipulador podría concluir que eres inseguro y, por lo tanto, un objetivo fácil.

Las personas que tienen ansiedad social también tienden a tener inseguridad emocional, y los manipuladores son conscientes de este hecho. En las reuniones sociales, pueden detectar fácilmente a las personas que tienen ansiedad social y luego atacarlas para manipularlas. Los "artistas de ligue" pueden identificar a las chicas que parecen incómodas en situaciones sociales por la forma en que se comportan. La ansiedad social es difícil de ocultar, especialmente para los manipuladores que tienen experiencia en aprovecharse de la vulnerabilidad emocional.

La fragilidad emocional es diferente de la inseguridad emocional. Las personas emocionalmente inseguras tienden a mostrarlo todo el tiempo, mientras que las personas emocionalmente frágiles parecen ser normales, pero se quiebran emocionalmente ante la menor provocación. A los manipuladores les gusta apuntar a personas emocionalmente frágiles porque es muy fácil provocar una reacción de su parte. Una vez que un manipulador descubre que eres emocionalmente frágil, va a aprovechar cualquier oportunidad para manipularte porque sabe que sería bastante fácil.

La fragilidad emocional puede ser temporal, por lo que las personas con estos rasgos a menudo son blanco de manipuladores oportunistas. Una persona puede ser emocionalmente estable la mayor parte del tiempo, pero puede experimentar fragilidad emocional cuando está pasando por una ruptura, cuando está de duelo o cuando está lidiando con una situación que es emocionalmente agotadora. Los manipuladores más diabólicos pueden ganar su confianza, apostar su tiempo y esperar que sea emocionalmente frágil. Alternativamente, pueden usar métodos poco claros para inducir fragilidad emocional en una persona a la que

Personas Sensibles

Las personas altamente sensibles son aquellas personas que procesan información a un nivel más profundo y son más conscientes de las sutilezas en la dinámica social. Tienen muchos atributos positivos porque tienden a ser muy considerados con los demás y vigilan sus pasos para evitar causar daños a las personas, ya sea directa o indirectamente. A estas personas no les gusta ninguna forma de violencia o crueldad, y se molestan fácilmente por las noticias sobre acontecimientos desastrosos, o incluso representaciones de escenas sangrientas en películas.

Las personas sensibles también tienden a agotarse emocionalmente al asimilar los sentimientos de otras personas. Cuando entran a una habitación, tienen la capacidad inmediata de detectar el estado de ánimo de otras personas, porque son naturalmente hábiles para identificar e interpretar las señales del lenguaje corporal, las expresiones faciales y las variaciones tonales de otras personas.

A los manipuladores les gusta apuntar a personas sensibles porque son fáciles de manipular. Si eres sensible a ciertas cosas, los manipuladores pueden usarlas en tu contra. Fingirán ciertas emociones para atraer a personas sensibles y poder explotarlas.
Las personas sensibles también tienden a asustarse fácilmente. Tienen un "reflejo de sobresalto" elevado, lo que significa que es más probable que muestren signos claros de miedo o nerviosismo en situaciones potencialmente amenazantes. Por ejemplo, las personas sensibles tienen más probabilidades de saltar cuando alguien se acerca sigilosamente, incluso antes de determinar si están en peligro real. Si eres una persona sensible, este rasgo puede ser muy difícil de ocultar, y las personas maliciosas podrán verlo desde una milla de distancia.

Las personas sensibles también tienden a ser rretraídos. En su mayoría son introvertidos, y les gusta mantenerse en secreto porque la estimulación social puede ser agotadora emocionalmente para ellos. Los manipuladores que buscan controlar a otros tienen más probabilidades de atacar a las personas introvertidas porque ese rasgo facilita el aislamiento de las posibles víctimas.

Los manipuladores también pueden identificar a las personas sensibles al escuchar cómo hablan. Las personas sensibles tienden a ser muy apropiadas; nunca usan lenguaje vulgar y tienden a ser políticamente correctos porque están tratando de evitar ofender a alguien. También tienden a ser educados, y dicen por favor y gracias más a menudo que otros. Los manipuladores persiguen a esas personas porque saben que son demasiado educados para alejarlos de inmediato; las personas sensibles complacerán a cualquiera porque no quieren ser groseros, y eso les da a las personas maliciosas una forma de entrar.

Personas enfáticas

Las personas enfáticas son generalmente similares a las personas altamente sensibles, excepto que están más en sintonía con los sentimientos de los demás y la energía del mundo que los rodea. Tienden a internalizar el sufrimiento de otras personas hasta el punto de convertirlo en el suyo. De hecho, para algunos de ellos, puede ser difícil distinguir la incomodidad de alguien de la suya. Las personas enfáticas son las mejores parejas porque sienten todo lo que tú sientes. Sin embargo, esto los hace particularmente fáciles de manipular, por lo que a las personas maliciosas les gusta atacarlos.

Las personas maliciosas pueden fingir ciertas emociones y transmitir esas emociones a personas enfáticas, que las sentirán como si fueran reales. Eso los abre a la explotación. Las personas enfáticas son los objetivos favoritos de los estafadores psicópatas porque sienten mucho por los demás. Un estafador puede inventar historias sobre dificultades financieras y robarles mucho dinero a las personas enfáticas.

El problema de ser enfático es que debido a que tienen emociones tan fuertes, fácilmente descartan sus propias dudas sobre las personas porque preferirían ofrecer ayuda a una persona que resulta ser una mentirosa quenegar ayuda a una persona que está diciendo la verdad.
Las personas enfáticas tienen un gran corazón, y tienden a ser extremadamente generosas, a menudo en detrimento suyo. Son muy caritativos y se sienten culpables cuando otros a su alrededor sufren, incluso si no es su culpa y no pueden hacer nada al respecto. A las personas maliciosas les resulta muy fácil llevar a esas personas a viajes de culpa. Son el tipo de personas que voluntariamente desembolsarían sus ahorros de toda la vida para ayudar a sus amigos a saldar una deuda, incluso si eso significa que se arruinarían financieramente.

A las personas maliciosas les gusta entablar relaciones con personas enfáticas porque es fácil aprovecharse de ellos. Las personas enfáticas tratan de evitar entrar en relaciones íntimas en primer lugar porque saben que es fácil para ellos verse envueltos en tales relaciones y perder su identidad en el proceso. Sin embargo, los manipuladores los perseguirán obstinadamente porque saben que una vez que lo obtienen, pueden culpar ala persona enfática para que haga lo que quiera.

Miedo a la soledad

Muchas personas tienen miedo de estar solos, pero este miedo aumenta en un pequeño porcentaje de la población. Este tipo de miedo puede ser realmente paralizante para quienes lo experimentan, y puede abrirlos a la explotación por parte de personas maliciosas. Por ejemplo, hay muchas personas que se mantienen en relaciones disfuncionales porque tienen miedo, nunca encontrarán a alguien que los ame si rompen con una pareja abusiva. Los manipuladores pueden identificar este miedo en una víctima, y a menudo harán todo lo posible para alimentarlo aún más para asegurarse de que la persona esté lisiada por él. Las personas que temen estar solas pueden tolerar o incluso racionalizar cualquier tipo de abuso.

El miedo a estar solo puede ser fácil de detectar en una víctima potencial. Las personas con este tipo de miedo tienden a exudar cierto nivel de desesperación al comienzo de las relaciones, y a veces pueden parecer pegajosas. Mientras que la gente común puede pensar en ser pegajoso como una bandera roja, las personas manipuladoras lo verán como una oportunidad para explotar a alguien. Si está apegado a ellos, utilizarán técnicas de manipulación para que sea aún más dependiente de ellos.
Pueden retener el amor y el afecto (por ejemplo, al usar el tratamiento silencioso) para hacer que la víctima tema que él/ella está a punto de ser abandonada para que actúen por desesperación y cedan más control al manipulador.

El miedo a estar solo es, en su mayor parte, una construcción social, y afecta desproporcionadamente a las mujeres más que a los hombres.
Durante generaciones, nuestra sociedad ha enseñado a las mujeres que su objetivo en la vida es casarse y tener hijos, por lo que incluso las mujeres más progresistas que rechazan esta construcción social todavía están

plagadas de presiones sociales para adherirse a esos viejos estándares. Dicho esto, el hecho es que los hombres también tienden a temer estarsolos.

Las personas con problemas de abandono derivados de la infancia tienden a experimentar el miedo a la soledad en mayor grado. También hay personas que no necesariamente temen a la soledad en general, pero tienen miedo de separarse de las personas importantes en sus vidas. Por ejemplo, muchas personas terminan manteniéndose en relaciones abusivas o disfuncionales porque tienen miedo de separarse de sus hijos.

Miedo a decepcionar a otros

Todos sentimos un cierto sentido de obligación hacia las personas en nuestras vidas, pero hay algunas personas que tienen mucho miedo de decepcionar a otras. Este tipo de miedo es similar al miedo a la vergüenza y al miedo al rechazo porque significa que la persona pone mucha atención en cómo otros lo perciben. El miedo a decepcionar a otros puede ocurrir naturalmente, y en realidad puede ser útil en algunas situaciones; los padres que tienen miedo de decepcionar a sus familias trabajarán más para mantenerlos, y los niños que tienen miedo de decepcionar a sus padres estudiarán más en la escuela. En este caso, el miedo es realmente constructivo. Sin embargo, no es saludable cuando se dirige a las personas equivocadas, o cuando te obliga a comprometer tu propia comodidad y felicidad.

Cuando los manipuladores descubran que tienes miedo de decepcionar a los demás, intentarán colocarte en una posición en la que sientas que les debes algo. Te harán ciertos favores y luego te manipularán para que creas que tienes un sentido de obligación hacia ellos. Luego ye harán sentir culpable para cumplir con cualquier pedido cada vez que quieran algo de usted.

Trastornos dependientes de la personalidad y dependencia emocional.

El trastorno de personalidad dependiente se refiere a un trastorno real que se caracteriza por una persona que tiene una necesidad excesiva e incluso generalizada de ser cuidada. Esta necesidad a menudo lleva a la persona a ser sumisa hacia las personas en sus vidas y a ser pegajosa y temerosa de la separación. Las personas con este trastorno actúan de manera tal que provocan la obtención de cuidados. Tienden a practicar lo que se llama "impotencia aprendida". Aquí es donde actúan por convicción de que no pueden hacer ciertas cosas por sí mismos y que necesitan la ayuda de otros.

Estas personas tienen dificultades para tomar decisiones, incluso cuando se trata de cosas simples como elegir qué ropa usar. Necesitan tranquilidad y consejos constantes, y dejan que otros tomen la iniciativa en sus propias vidas. Estos son los tipos de personas que regresan a los hogares de sus padres como adultos o tratan a sus cónyuges y parejas como si fueran sus padres.

A los manipuladores les gusta apuntar a personas con trastornos de personalidad dependientes porque son muy fáciles de controlar y dominar. Estas personas voluntariamente ceden el control de sus vidas a los demás, por lo que cuando los manipuladores dan un golpe, no dan mucha resistencia. Los manipuladores comienzan dándoles una falsa sensación de seguridad, pero una vez que han ganado su confianza, cambian de marcha ycomienzan a imponerles su voluntad.

La dependencia emocional es algo similar al trastorno de personalidad dependiente, pero no alcanza el nivel de importancia clínica. Se deriva de tener baja autoestima, y a menudo es el resultado de problemas de abandono infantil. Las personas con dependencia emocional desempeñarán un papel sumiso en las relaciones por temor a perder a sus parejas. Tienden a ser muy agradables porque quieren complacer a las personas en sus vidas. Estas personas son fáciles de manipular y las personas maliciosas pueden dominarlas fácilmente.

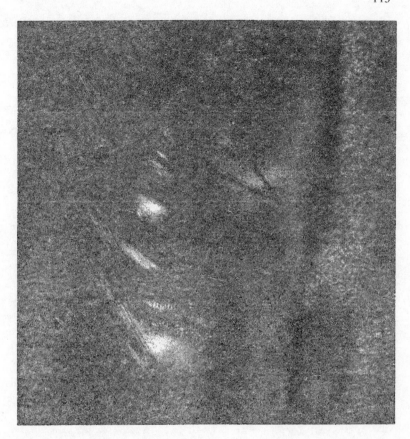

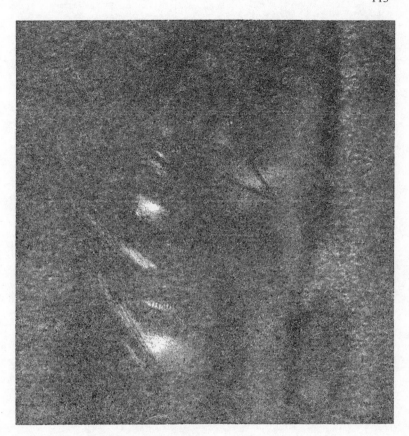

Capítulo 8: El papel de la defensa

Para evitar ser víctima de manipuladores, debe construir sus defensas para que esté preparado para cualquier estrategia de manipulación que puedan intentar utilizar en usted. La mejor manera de construir tus defensas es tomando medidas para mejorar tu autoestima y tu fuerza de voluntad. Sin embargo, como precaución, debes tener mucho cuidado con la forma en que construyes tus defensas porque no quieres crear restricciones que te impidan vivir una vida plena.

Por ejemplo, cuando intentas protegerte contra la manipulación, no puedes actuar por miedo. No puedes esconderte del mundo solo para evitar escenarios en los que alguien quiera aprovecharse de ti. Recuerde que el mundo está lleno de personas con rasgos oscuros de personalidad que pueden albergar intenciones maliciosas, por lo que actuar por miedo no te protegerá de nadie. De hecho, solo te convertirá en un objetivo más. A medida que construyas tus defensas, asegúrate de comenzar con la premisa de que estás dispuesto a enfrentar a los manipuladores, y nunca huirás ni retrocederás. Si actúas por miedo, pierdes por defecto.

Los pasos para aumentar la autoestima: para ayudarlo a construir sus defensas, analizaremos los ocho pasos que debe seguir para aumentar suautoestima y aumentar su fuerza de voluntad por extensión.

Aceptación

La aceptación consiste en aceptar la realidad de una situación dada. Se trata de reconocer que una determinada condición o proceso es lo que es, incluso si se caracteriza por altos niveles de incomodidad y negatividad. Se trata de someterse conscientemente al hecho de que algo no se puede cambiar y que su realidad no está sujeta a interpretación. Se trata de hacer las paces con la situación en la que te encuentras.

La aceptación es lo opuesto a la negación. Incluso los más racionales entre nosotros tienden a negar muchas cosas en sus vidas, que son hechos resueltos en sentido real. La negación puede ser un mecanismo de afrontamiento, uno que puede evitar que nos abrume la realidad de una situación dada. Sin embargo, la negación nos hace más daño que bien, porque a menos que podamos aceptar algo, no podemos cambiarlo, y nos quedaremos atrapados buscando interpretaciones y explicaciones alternativas para nuestras circunstancias imperantes.

Sin aceptación, la puerta permanece abierta para que personas malintencionadas nos exploten. Tome el ejemplo de un paciente al que se le dice que él/ella tiene una enfermedad terminal. Después de buscar las opiniones de varios profesionales médicos y obtener el mismo diagnóstico, el paciente todavía tiene la opción de aceptar o negar la situación. Quien lo acepte hará las paces e intentará sacar el máximo provecho del poco tiempo que tiene. El que permanece en la negación será susceptible a los embaucadores que pueden ofrecer "curas alternativas", y puede terminar perdiendo todos sus ahorros pagando a esas personas para que al final, deje a su familia sin nada. Ese es un ejemplo extremo, pero ilustra perfectamente por qué la aceptación es importante para evitar la manipulación, incluso si la realidad puede parecer demasiado dolorosa para aceptarla.

La forma más crucial de aceptación es la autoaceptación. Se refiere al estado de estar satisfecho contigo mismo, de la forma en que estás actualmente. La autoaceptación es una especie de pacto que haces contigo mismo, para validar, apoyar y apreciar quién eres en lugar de criticarte constantemente y desear ser otra persona. La mayoría de las personas tienen problemas para aceptarse tal como son. Todos estamos en un esfuerzo constante por la superación personal. Queremos ser más exitosos, ser más ricos, ser más atractivos o ser percibidos de manera más positiva por otros. Incluso los más exitosos entre nosotros tienen problemas con la autoaceptación.

En muchos sentidos, el deseo de ser una mejor versión de ti mismo puede verse como algo positivo; puede ayudarlo a estudiar más en la escuela, trabajar más para obtener un ascenso en el trabajo o hacer más ejercicio para ponerse en forma. Sin embargo, el problema es que siempre hay margen de mejora, por lo que no importa cuán alto ascienda, la insatisfacción siempre estará allí y lo hará vulnerable a la manipulación porparte de personas que desean aprovechar sus deseos.

Para defenderse de la manipulación, debe aceptar su realidad, y debe aceptarse a sí mismo. La gente tiende a pensar que si se aceptan a sí mismos, no intentarán mejorar, pero eso no podría estar más lejos de la realidad. Aceptarte a ti mismo significa reconocer tus defectos, y eso te da control sobre tu vida. Con la autoaceptación, los intentos de superación personal vendrían desde adentro, por lo que cuando decida cambiar, lo harápor usted mismo y no por nadie más.

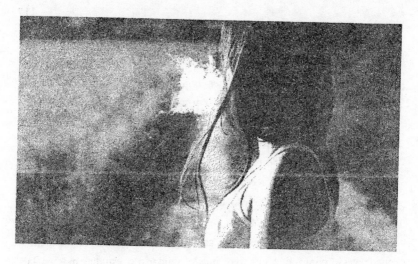

Aumento de la conciencia

Aumentar su conciencia significa tener un mayor nivel de alerta cuando se trata de comprender lo que sucede en su entorno. Significa prestar mucha atención a su entorno y a la forma en que las personas se comportan a su alrededor. Cuanto mayor sea su nivel de conciencia, mejor será cuando se trate de adaptarse a su entorno y comprender las motivaciones de las personas con las que interactúa.

Cuando te vuelvas más consciente, podrás darte cuenta rápidamente cuando la gente intente manipularte. Muchos de nosotros tendemos a preocuparnos por nuestros propios pensamientos que casi nunca notamos las señales de las personas con las que interactuamos. Tendemos a vivir la vida en piloto automático, por lo que cuando otras personas intentan tomar el control de nuestras vidas, solo lo notamos cuando es demasiado tarde. Si aumentas tu conciencia, estarás equipado con las habilidades necesarias para identificar todas las banderas rojas, y podrá detener a la mayoría de los manipuladoresantes de que puedan causar un daño real.

El primer paso para aumentar su conciencia es aprender sobre las tendencias de las personas manipuladoras. Leer este libro te adelantará; ahora sabes lo suficiente como para poder detectar personas con malos motivos, pero debes entender que los peores manipuladores son muy buenos para ocultar sus motivos, por lo que debe seguir trabajando paraaumentar su conciencia.

Para ser verdaderamente consciente de las personas manipuladoras, debe abordar todas las interacciones con algunos niveles de escepticismo. No le estamos diciendo que se convierta en una persona paranoica que no deja entrar a nadie; solo estamos diciendo que debe mirar más de cerca a cada persona con la que interactúa. Trate de estudiar su lenguaje corporal y sus palabras, y trate de ver si están tratando de ocultar algo.

Además de aumentar su conciencia, también debe aumentar su autoconciencia. Muchas personas confunden esas dos cosas, pero son conceptos completamente diferentes. La autoconciencia se trata de comprenderte a ti mismo. Se trata de tener un concepto claro de tu propia personalidad. Tienes que examinarte a ti mismo y descubrir cuáles son tus fortalezas y debilidades, cuáles son tus valores y motivaciones, y qué tipo de pensamientos y emociones es probable que tengas en situaciones específicas. La autoconciencia te ayuda a comprender quién eres y cómo teperciben otras personas.

La autoconciencia funciona como una defensa contra la manipulación porque cuando sabes quién eres realmente, es más difícil para alguien alterar tus pensamientos y percepciones. Si tiene valores fuertes y bien articulados, se hace más difícil para un manipulador lograr que abandones esos valores. Las personas que carecen de autoconciencia tienen más probabilidades de ser sometidos a gaslighting o ser sometidas a otras formasde control mental.

Si terminas en una relación con una persona manipuladora, la autoconciencia puede ayudarte a mantener tu identidad. Los manipuladores intentarán decirle qué pensar y cómo comportarse, pero si eres consciente de ti mismo, experimentarás una disonancia cognitiva y su cerebro rechazarás cualquier intento de manipulación.

Separarse con amor

Separarse con amor es una defensa contra la manipulación que la mayoría de las personas que tienen seres queridos sufren problemas de abuso de sustancias. Aunque fue conceptualizado para ayudar a las personas a tratar con adictos, también puede funcionar cuando se trata de manipuladores.

Separarse del amor se trata de mostrar amor y compasión por los demás sin asumir la responsabilidad de sus acciones. Por ejemplo, si tiene un familiar que es adicto a las drogas, la forma en que funciona es que trates de apoyarlo y alentarlo a que se limpie, pero les deja tomar sus propias decisiones y les deja sufrir las consecuencias de sus acciones. Si el adicto no regresa a casa, no pierde el tiempo buscándolo en las zonas de mala muerte de la ciudad, se queda en casa y hace las cosas que lo benefician y lohacen feliz.

El punto de separarse del amor es dejar de tratar de controlar la vida de otras personas, incluso si lo haces por su propio bien. La idea es que aceptes que las personas son diferentes a usted y que tienen su propio libre albedrío.

Separarse del amor puede defenderte de la manipulación de muchas maneras. Hay manipuladores que quieren explotarte haciéndote responsable de ellos. Hemos mencionado varias veces en el libro que algunas personas maliciosas tomarán la posición de sumisión en una relación porque quieren que su mundo gire en torno a ellas. Quieren que les prestes toda tu atención;así es como te controlan.

Cuando se separe con amor, aprenderá a dejar de solucionar los problemas de todos. Por lo tanto, cuando el manipulador intenta ponerse en el rol de víctima para ganar su simpatía, seguirá haciendo lo que sea mejor para usted y le dirá que se haga responsable de sus propias acciones.

Algunos manipuladores pueden adoptar hábitos autodestructivos porque quieren dominarte haciendo que limpies su desastre. Cuando hacen esto, puedes separarte con amor dejándolos seguir los caminos que han tomado, sin importar a dónde los lleven. Si te están causando daño, puedes alejarte de ellos, pero deja la puerta abierta. Si encuentran el camino correcto en el futuro y recuperan el control sobre sus propias vidas, puede dejarlos entrar nuevamente. Debes dejar muy claro, a través de tus palabras y acciones, que les permitirá dirigir sus propias vidas, y no asumirás ninguna responsabilidad por ellos.

Separarse con amor se trata de aceptar a los demás por lo que son y respetarlos lo suficiente como para permitirles estar a cargo de cambiar sus propias vidas. Cuando se siente responsable de alguien y el otro toma una decisión que los perjudica a ambos, a menudo reaccionará con miedo, enojo o ansiedad. Para despegarse con amor, debes aprender a soltar esas emociones negativas.

Los manipuladores cuentan con el hecho de que reaccionarán de manera predecible a sus maquinaciones, pero cuando se separe con amor, aprenderá a calmarse y a pensar en su papel en la vida de la otra persona antes de tomar cualquier tipo de acción. Esto evitará que caigas en las trampas que los manipuladores te colocarán.

Separarse con amor aumenta su autoestima porque le permite poner sus propias necesidades por encima de las de las personas que intentan manipularlo.

Construir autoestima

Puedes defenderte de la manipulación construyendo tu autoestima a la manera de la vieja escuela; utilizando técnicas de autoayuda. Las personas tienden a descartar las técnicas clásicas de autoayuda, pero en realidad funcionan. No resolverán todos tus problemas, pero te harán sentir lo suficientemente digno y te darán la fuerza para resistir muchas formas de manipulación.

La técnica de autoayuda más antigua del libro es tratar de ser más amable contigo mismo. Esto generalmente implica ser amable contigo mismo y ser tu propia animadora. También implicó desafiar el pensamiento negativo y las suposiciones que haces todos los días. También implicaba tratarte a ti mismo como tratarías a un amigo cercano.

Si su amigo tuviese ciertos miedos y dudas y acude a usted para pedirle consejos, trataría de decirle la verdad, pero sin ser duro con él. Del mismo modo, debe abrazar su realidad, incluso si es incómoda, pero no debe golpearse a sí mismo, incluso si ha cometido errores. Incluso cuando las cosas son sombrías, debes tratar de hablar contigo mismo.

Todos tenemos que sacar fuerzas de algún lado. Eso significa que si no intentas construir tu propia autoestima, buscarás fuentes externas de fortaleza y motivación, pero el problema con eso es que las personas tienen sus propios intereses y agendas, y tu bienestar no siempre es su mayor prioridad. Cuando buscas fuerza de fuentes externas, te abres a la manipulación.

También puedes desarrollar su autoestima evitando compararte con otras personas. Los manipuladores son muy buenos aprovechando sus deseos. Cuando deseas las cosas que otras personas tienen, los manipuladores ven esto como una oportunidad para ganar control sobre ti. La mayoría de las personas que terminan siendo engañadas generalmente son atraídas porque están cegadas por sus deseos y quieren lo que otras personas tienen.

Para construir tu autoestima, tienes que hacer lo tuyo. Debes perseguir tus propios intereses y crear tus propios objetivos. Nunca vivas tu vida comparándola con la de otra persona. Esa es una manera segura de destruir tu autoestima, introducir emociones negativas en tu vida y abrir la puerta a todo tipo de personajes depredadores.

También puedes desarrollar tu autoestima teniendo cuidado con el tipo de compañía que mantiene. Rodéate de personas positivas que te hagan feliz y trata de mantenerte alejado del tipo de personas que son constantementenegativas o de las que te ponen nervioso.

También puede aumentar su autoestima haciendo más ejercicio. Los estudios demuestran que cuando hacemos ejercicio, estamos más motivados, más seguros y nos sentimos más en control de nuestras vidas. Hacer ejercicio hace que nuestros cuerpos liberen hormonas para sentirsebien, lo que puede ayudar a aumentar nuestra autoestima.

Cambiar las reacciones

Para defenderse de la manipulación, hay una cosa importante que debes tener en cuenta; la única persona que puedes controlar eres tú. No tienes absolutamente ningún control sobre lo que otras personas podrían decir, o cómo podrían actuar. Tu reacción es lo único que está bajo tu control. Incluso si eres la víctima y alguien limita sus elecciones considerablemente, al final del día, el poder de elegir cómo actuar o reaccionar aún está bajo su control.

Piense en todos los íconos de derechos civiles que aprendió en la escuela; todas estas personas fueron victimizadas de una forma u otra, pero salieron en la cima debido a la forma en que decidieron reaccionar a esa victimización. Entonces, para defenderte de la manipulación, debes cambiar la forma en que reaccionas a las palabras y acciones de los manipuladores. Primero, cuando alguien hace algo para disuadirte, trata de abordar esa situación con una racionalidad tranquila. Concéntrate en resolver el conflicto en lugar de debatir de quién es la culpa. Cuando reaccionas con ira en respuesta a una acusación, o si comienzas a pasar la culpa de un lado a otro, estás jugando directamente en la mano del manipulador. Cuando cambias tu forma de reaccionar, estarás creando tus propias reglas para el juego que el manipulador está tratando de jugar, y eso evitará que caigas en su trampa.

Nunca lideres con tus emociones. En cambio, debes practicar pensar las cosas antes de reaccionar. En otras palabras, en lugar de reaccionar instantáneamente, entrénate para responder de manera calmada. Cuando alguien te molesta, evita atacar con rabia y trata de descubrir cuáles son sus motivaciones. Puedes manejar tus reacciones usando las mismas técnicas que se usan en la terapia de manejo de la ira; respira hondo y pondera la situación antes de hablar.

Puede que no lo parezca, pero el simple acto de respirar profundamente puede hacer mucho para centrarte y ayudarte a reaccionar mejor en cualquier situación estresante. Cuando respiras, pones cierta distancia entre tu reacción y la situación desencadenante, y esa pequeña ventana de tiempo es suficiente para que tu cerebro delibere sobre las cosas y cree una mejor respuesta.

También debes entender que las cosas solo tienen el significado que les das. Cuando un manipulador te llama o te grita con enojo, depende completamente de ti decidir si dejarás que resbale sobre ti como agua o si lo internalizarás. Es cierto que la gente solo te trata de la forma en que lo permites.

Puedes cambiar tu reacción cambiando las preguntas que pasan por tu mente cuando te encuentra en una situación negativa. Si alguien te está atacando, las preguntas que se te ocurren podrían ser: ¿Por qué está haciendo esto? quién se cree que es? Puedes intentar cambiar esas preguntas para comenzar a pensar: ¿Cómo puedo resolver esto rápidamente? ¿Cómo puedo mantener mi dignidad aquí? Cuando te haces las preguntas correctas, tienes una mejor oportunidad de encontrar una manera adecuada de reaccionar.

Ser firme

Alguien solo puede manipularte con éxito si no estás dispuesto a mantenerte firme. Algunos psicólogos han señalado que ser firme es el término medio entre ser pasivo y ser agresivo. Las personas agresivas intimidan a los demás para obtener lo que quieren, y las personas pasivas dejan que otros caminen sobre ellos, para que no obtengan lo que quieren. Las personas

firmes, por otro lado, se mantienen y piden lo que quieren de manera firmey diplomática.

Cuando eres firme, te comunicas de una manera respetuosa con las necesidades, sentimientos y opiniones de los demás, pero eres inquebrantable en abogar por tus propias necesidades. Realiza solicitudes razonables e intenta evitar infringir los derechos de los demás. En caso de disputa, busca un compromiso que sea objetivamente justo para todos.

Dibuja límites claros y avisa a las personas cuando cruzan esos límites.

El aspecto más crucial de la seguridad es ser un buen comunicador. Las personas seguras tienen voces relajadas pero firmes. Hablan con fluidez y parecen sinceros. Cuando tienen que trabajar con otros, son cooperativos y contribuyen de manera constructiva. No alzan la voz cuando las cosas se calientan; se mantienen firmes, inquebrantables e infaliblemente lógicos.

Las personas seguras también son buenas en el uso de señales no verbales para comunicarse de manera efectiva. También mantienen contacto visual con las personas con las que están hablando. Tienen posturas corporales abiertas y buena postura, lo que ayuda a proyectar fuerza y confianza.

Sonríen cuando están contentos y fruncen el ceño cuando están disgustados. Las personas seguras son muy directas y saben lo que quieren desde el principio. Como resultado, es muy difícil para los demás poder maniupularlos. A los manipuladores les gusta usar juegos mentales y otros pequeños trucos para ocultar sus malas intenciones, pero las personas firmes y seguras cortarán todo eso al imponer una comunicación bidireccional clara y directa. Cuando las personas comunes sospechan que están siendo manipuladas, pueden guardar esas sospechas para sí mismas, pero las personas seguras saldrán y preguntarán a los manipuladores cuáles son sus intenciones; Esto desequilibra a los manipuladores y los obliga a retroceder o cambiar la marcha.

Ser seguro significa tener las habilidades para comunicarse tanto con personas agresivas como con personas pasivas. No dejan que la ira o el miedo les impidan expresar su punto de vista cuando tratan con personas agresivas. Sin embargo, cuando se trata de personas pasivas, tampoco dejan que la mansedumbre de otras personas les impida exigir a qué tienen derecho.

Las personas seguras también están bien sintonizadas con sus propias emociones. Cuando están molestos, no dejan que sus propios sentimientos negativos les impidan afirmar por sí mismos de manera racional.

Alimentarse a uno mismo

La idea de que los alimentos que comemos afectan nuestra autoestima ha existido durante mucho tiempo. Hay mucha evidencia científica que muestra una correlación entre el tipo de alimentos que comemos y nuestros niveles de confianza, así como nuestro bienestar mental general. La comida que come stiene un efecto en su estado de ánimo, sus niveles de ansiedad ycómo se siente usted como persona.

Cuando carecemos del equilibrio adecuado de nutrientes en nuestros cuerpos, afecta los niveles de ciertas hormonas y, como resultado, experimentamos un cambio en nuestro estado de ánimo. Eso explica por qué tendemos a ser más activos y estimulados cuando consumimos azúcar, café o alimentos con altos niveles de carbohidratos. También hay otros alimentos que nos hacen sentir letárgicos cuando los comemos.

Algunos investigadores descubrieron que cuando no tomamos suficientes vitaminas, ácidos grasos y ciertos minerales y aceites omega tres, podríamos experimentar depresión. Debido a su capacidad para mantener a raya la depresión, estos alimentos se conocen como "alimentos que aumentan el estado de ánimo".

Los carbohidratos generalmente se dividen en glucosa, que se usa como energía en el cerebro y en los músculos. Si no comemos suficientes carbohidratos, nos faltará la energía para concentrarnos y tener buen juicio, y eso puede afectar nuestra autoestima y hacernos más susceptibles a la manipulación. Por otro lado, comer muchos carbohidratos nos lleva a aumentar de peso, y eso puede tener un efecto negativo en nuestra autoestima. Entonces, si su meta es la autoestima positiva, debe comer la cantidad correcta de carbohidratos; no los saque de su dieta, pero tampoco se exceda en ellos. Trate de comer carbohidratos de fuentes de alimentos integrales en lugar de fuentes refinadas. Los carbohidratos sin refinar liberan energía lentamente y le dan un impulso de ánimo durante mucho más tiempo al tiempo que le proporcionan la fibra que tanto necesita.

Los alimentos que son ricos en ácidos grasos omega-3 previenen el mal humor y pueden ayudar a evitar que se deprima. En base a eso, algunos científicos han argumentado que comer más pescado puede ayudar a mejorar su autoestima. Al planificar su dieta, debe asegurarse de comer al menos una porción de pescado a la semana. Como punto de precaución, evite comer demasiado pescado si está embarazada o amamantando.

Los alimentos que son ricos en vitamina B, como las espinacas, el brócoli, las carnes, los huevos y los lácteos, tienen la capacidad de aumentar sus niveles de energía y su estado de ánimo, por lo que pueden contribuir a que tenga una perspectiva más positiva. Las fuentes de alimentos con vitamina D como los huevos, los cereales y el pescado pueden aumentar los niveles de serotonina en el cerebro y hacer que te sientas bien contigo mismo. Por supuesto, también puede obtener vitamina D del sol, por lo que salir a la luz o caminar afuera de vez en cuando también puede ser bueno para tu autoestima.

El exceso de azúcar, demasiada cafeína y una gran cantidad de alcohol pueden afectar su autoestima de manera negativa. Cuando comes un refrigerio azucarado, aumenta los niveles de azúcar en la sangre y provoca un aumento de energía, pero eso es momentáneo. Después de eso, experimentarás una sensación de "tritura". Eso, combinado con el sentimiento de culpa que proviene del consumo de "calorías vacías" puedeamortiguar su estado de ánimo y disminuir su autoestima.

La cafeína también tiene un efecto similar. Te estimulará por un momento y mejorará tu estado de ánimo, pero una vez que comience a desaparecer, tu estado de ánimo disminuirá.

El alcohol tiene el efecto de mejorar su confianza y reducir sus inhibiciones, por eso se le conoce como "lubricante social". Sin embargo, también es un depresivo, lo que significa que te hará sentir ansioso e irritable al día siguiente, y eso es malo para tu autoestima. Al reducir sus inhibiciones, el alcohol también puede hacerlo más susceptible a la manipulación.

Volverse autónomo y tener control propio

Para aumentar su autoestima y ser menos susceptible a la manipulación, debe ser autónomo y tomar el control de su propia vida. Los investigadores han descubierto que la autonomía está más altamente correlacionada con la felicidad que cualquier otro factor existente. Las personas que son autónomas tienden a estar más satisfechas que las que son ricas. Esto se debe a que la autonomía representa el valor central que nos hace humanos;La capacidad de ejercer el libre albedrío.

En muchas ciencias sociales, la autonomía se define como la calidad de poder tomar decisiones de acuerdo con el libre albedrío. Como somos seres sociales, se puede argumentar que no tenemos libre albedrío absoluto porque las cosas que hacemos están limitadas por las reglas de las sociedades en las que vivimos, pero lo importante es que la autonomía debe caracterizarse por un sentimiento de libertad. En otras palabras, se trata de poder hacer cosas dentro de ser forzado por presiones internas o externas. En pocas palabras, la autonomía es tener su propia identidad y ser el únicoque la controla.

Es muy fácil perder la autonomía cuando alguien está en una relación con una persona controladora. Incluso si eres parte de una pareja o una familia, la autonomía significa que haces las cosas porque quieres y no porque estás obligado a hacerlas. Eso quiere decir que debe haber una distinción clara entre usted y su pareja y que todos deben tener sus objetivos y ambiciones, independientemente unos de otros. Si está en una relación en la que está subordinado a la otra persona, entonces le falta autonomía.

Para mantener su autonomía y mejorar su autoestima, tenga mucho cuidado con las personas con las que elige salir y con las personas con las que elige asociarse. Incluso si está comprometido con la persona, debe saber en todo momento cuáles son sus valores, qué quiere de la vida y quién es usted como persona. Debes aferrarte a esos valores fundamentales, y debes tener cuidado con cualquiera que intente comprometerte con ellos.

Tienes que mantener el control sobre tu vida, sin importar cuán entrelazada esté con la de otra persona. Si no puedes definirte a ti mismo, alguien más lo hará por ti, y luego te convertirás en una mera extensión de ellos. En otras palabras, lograrán dominarte y controlarte por completo.

Puedes tomar el control de tu vida reservando un poco de tiempo para ti. Está bien cuidar de tu familia, amigos o pareja, pero si les dejas tener todo

tu tiempo, perderás el control de tu vida y tu identidad desaparecerá.
Dedicaun tiempo para ti y asegúrate de que todos lo respeten.

También debe trazar límites personales claros y aprender a decir "no" a
las personas. Cuando alguien le pide que haga algo, haga una
evaluación objetiva de la solicitud; si no agrega valor a tu vida,
entonces bájala. Las personas manipuladoras querrán convertirte en su
"chico de los recados", así que desde la primera vez que conozcas a
alguien, asegúrate de no dejarque te usen.

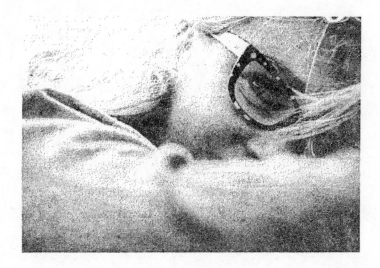

Conclusión

Gracias por llegar hasta el final de *Manipulación y Psicología oscura: cómo aprender a leer con rapidez a las personas, detectar la manipulación emocional encubierta, detectar el engaño y defenderse del abuso narcisista y las personas tóxicas.* Espero que hayas aprendido cómo funcionan los manipuladores y qué puedes hacer para defenderte de ellos para que puedas recuperar el control de tu vida.

El siguiente paso es comenzar a ser más proactivo en la forma en que tratas con los manipuladores y con las personas que tienen rasgos oscuros de personalidad. No esperes para ser una víctima. En su lugar, debes usar la información que has aprendido aquí para analizar a las personas con las que interactúas en el hogar, en el trabajo y en los entornos sociales, para que tengas una idea clara de cuáles son sus intenciones. Ahora lo sabes mejor, así que no dejes que personas maliciosas te atrapen con la guardia baja.

Si tienes familiares u otras personas en tu vida que te han estado manipulando de manera continua, es hora de detenerlo. Utiliza las técnicas de defensa que hemos discutido para rechazar a esas personas para que puedas ser una vez más el autor de tu propio destino y el dueño de tu propiavida.

Ahora que comprendes todas las técnicas de manipulación que existen, debemos señalar que tiene la responsabilidad de proteger a las personas ensu vida. Si nota que alguien que le importa está siendo manipulado o victimizado, haga algo al respecto. Además, no uses tus poderes para elmal; no uses estas técnicas contra otras personas.

En último lugar, si este libro le resultó útil, ¡Apreciaría completamente una reseña en Amazon!